Nina Kölsch-Bunzen

Handreichung

für pädagogische Fachkräfte in Kindertagesstätten und Lehrkräfte an Grundschulen

zu

Nina Kölsch-Bunzen Marion Goedelt

Selma und Anton

Die Geschichte einer langen Freundschaft

Ariella Verlag

Wir bedanken uns beim Beauftragten der
Landesregierung Baden-Württemberg gegen Antisemitismus,
Herrn Dr. Michael Blume, und seinem Team
für die Unterstützung des Druckes dieser Publikation.

Inhaltsverzeichnis

1. Einleitung – Warum diese Handreichung?

Das Bilderbuch »Selma und Anton. Die Geschichte einer langen Freundschaft« entstand vor dem Hintergrund spannender Diskussionen in einem meiner Seminare. Studierende der Sozialen Arbeit und Studierende der Kindheitspädagogik an der Hochschule Esslingen hatten sich intensiv mit dem Thema ›Antisemitismus‹ auseinandergesetzt. Dabei hatten einige der Studierenden ein Projekt entwickelt, das Kinder in einer Kindertagesstätte auf den Besuch einer Synagoge in Stuttgart vorbereiten sollte. Die Studierenden präsentierten ihre Ideen und überzeugten ihre Kommiliton*innen, unsere Lehrbeauftragte, Frau Studiendirektorin Grit Berger, und mich als Seminarleitung mit ihren Vorstellungen, wie sie mit den Kindern zusammen das Projekt angehen könnten. Am Ende ihrer Präsentationen stellte die Projektgruppe diese Frage in den Raum: »Wie sollen wir den Kindern die Sicherheitsbestimmungen erklären, denen sich alle Besucher und Besucherinnen einer Synagoge in Deutschland unterziehen müssen?«

Im anschließenden Seminargespräch bemühten wir uns miteinander um eine für die Kinder und für uns gleichermaßen wahrhaftige Antwort. Schnell wurde klar: Wir müssen mit den Kindern über Antisemitismus sprechen.

Aber wie? Auf Bilderbücher, die Kinder ausdrücklich über Antisemitismus informieren, konnte nicht zurückgegriffen werden. Ich fragte mich: Welche Geschichte kann man erzählen und welche Bilder lassen sich finden, um Kindern eine konkrete Erfahrung, mit der sie bei einem Synagogenbesuch und der Begegnung mit Juden und Jüdinnen unweigerlich konfrontiert sind, verstehbar zu machen?

So kristallisierte sich bei mir langsam eine erste Bilderbuchidee heraus und entwickelte sich langsam zu einer Geschichte weiter mit ersten Vorstellungen, wie Text und Bild miteinander korrespondieren könnten. Myriam Halberstam, amerikanische Filmemacherin, Journalistin, Autorin und Gründerin des Ariella Verlags, nahm sich des Bilderbuchprojektes engagiert an. Der Ariella Verlag möchte allen Interessierten das Judentum näherbringen. Er publiziert jüdische Kinderliteratur in Deutschland sowie ausgewählte Literatur zum Judentum für Erwachsene. Im Verlag positioniert man sich klar gegen Antisemitismus.

Zwischen der Verlagsleiterin Myriam Halberstam, der Lektorin Marina B. Neubert, der Illustratorin Marion Goedelt und mir entwickelte sich ein intensiver Austausch. So fand das Bilderbuch schließlich zu seiner Form.

Es wurde geschrieben, um mit Kindern, Eltern, Großeltern und Urgroßeltern, mit pädagogischen Fachkräften in Kindertageseinrichtungen und Lehrer*innen an Grundschulen ins Gespräch zu kommen über das schwierige Thema Antisemitismus. Den Kindern wird hier zugetraut, dass sie im Austausch mit Erwachsenen, inspiriert von Selma und Anton, Antworten auf diese Fragen finden: Was ist Antisemitismus? Welche Folgen kann Antisemitismus haben? Und vor allen Dingen: Was kann man dagegen tun? Mit ihren einfühlsamen, sensiblen Bildern schafft die Illustratorin Marion Goedelt eine ganz eigene Atmosphäre, die zum gemeinsamen Entdecken, Erzählen, zum Hinterfragen und zum Nachdenken einlädt.

Das Grundanliegen dieser Handreichung ist es, pädagogischen Fachkräften in Kindertagesstätten und Lehrkräften an Grundschulen Ideen an die Hand zu geben, wie sie dieses Bilderbuch im Rahmen der von ihnen intendierten Bildungsangebote zur Information über Antisemitismus und zur Prävention einsetzen könnten. Hierauf liegt der Fokus dieser Handreichung. Selmas Geschichte verdeutlicht, was Antisemitismus im Kern bedeutet.

In **Kapitel 2** erfolgt zunächst einmal eine **kurze Begriffsklärung**. Was ist unter Antisemitismus zu verstehen? Hier wird auf die weithin anerkannte Arbeitsdefinition der International Holocaust Remembrance Alliance/Internationale Allianz zum Holocaustgedenken (2021) zurückgegriffen. In der Zeit des NS zeigt sich noch einmal ganz besonders deutlich: Grundlegend für den Antijudaismus und den Antisemitismus in jeder Form ist: Ein ›Jude‹, egal ob Mann, Frau oder auch Kind, soll demnach schon ausreichen, um ›alles‹ zu vernichten. Ein ›Jude‹ reicht aus für eine weltstürzende ›Verschwörung‹. Der Kern des Antijudaismus und des Antisemitismus ist nicht primär das Vorurteil und nicht in erster Linie der Rassismus. Bei der Verfolgung von Juden stehen nicht Eroberung oder Ausbeutung im Vordergrund. Antijudaismus und Antisemitismus zielen vielmehr im Kern auf die Vernichtung alles ›Jüdischen‹.

In diesem Bilderbuch wird auch Selmas Kindheit im NS-Regime angedeutet. Dieser Aspekt in Selmas Leben wird nicht übergangen, ist jedoch nicht das eigentliche Thema des Bilderbuches und auch nicht das eigentliche Thema dieser Handreichung. Um die

Situation jüdischer Kinder im NS mit Kindern in Kita oder Grundschule zu besprechen, muss auf andere Bilderbücher verwiesen werden. Hier geht es darum, Kindern eine erste Vorstellung davon zu geben, was Antisemitismus ist, wie er funktioniert und was man dem Antisemitismus im Elternhaus, in demokratisch und menschenrechtlich ausgerichteten Kitas und Grundschulen entgegensetzen kann.

In **Kapitel 3** geht es darum zu klären, warum es für eine demokratisch und menschenrechtsorientierte Bildung wichtig ist, **bereits im elementar- und im primarpädagogischen Bereich Antisemitismusprävention** zu verwirklichen.

In **Kapitel 4** haben pädagogische Fachkräfte im Elementarbereich und Lehrkräfte im Primarbereich die Möglichkeit, erst einmal für sich **die eigene Haltung zu reflektieren**, wo sie selbst im Blick auf das Thema Antisemitismus stehen.

In **Kapitel 5** geht es um **moderne Bilderbücher und ihre Funktion**. Hier wird kurz erläutert, welche Funktionen moderne Bilderbücher im Kinderleben und in der Gesellschaft einnehmen. Bilderbücher bieten die Chance für Erwachsene und Kinder in ein Gespräch zu kommen über relevante Aspekte der miteinander geteilten Alltagswelt. Genau dies ist für das Bilderbuch »Selma und Anton« zentral. Es soll die Möglichkeit eröffnen, mit Kindern auch über das schwierige Thema Antisemitismus in einen Austausch zu kommen. Grundvoraussetzung, damit dies gelingt, ist dabei, dass das Bilderbuch nicht von vorn bis hinten in einem Zug ›durchgezogen‹ wird. Jede Seite lädt zum Verweilen ein. Jede Seite bietet, so die Intention des Bilderbuches, Aspekte aus der Lebenswelt der Kinder, die mit entsprechenden, als Angebot vorbereiteten Materialien von den Kindern mit allen Sinnen erfahrbar werden können.

Kapitel 6 macht auf die **Bildungspotentiale des Bilderbuches »Selma und Anton«** aufmerksam. Das Kapitel bildet das Herzstück der Handreichung. Hier werden Seite für Seite Bildungsangebote dargestellt, die verschiedene Zugänge zum Thema ›Antisemitismus‹ ermöglichen. Es werden zahlreiche ganz konkrete Vorschläge gemacht, wie mit dem Buch in der Kita und in der Grundschule zu genau diesem Thema gearbeitet werden kann.

Der **Anhang** bietet zusätzlich **Arbeitsblätter und Materiallisten**.

Außerdem werden im Anhang **Hintergrundinformationstexte** zur Verfügung gestellt. Sie richten sich an pädagogische Fachkräfte in Kitas und Lehrkräfte an Grundschulen. Sie sollen die Pädagogen und Pädagoginnen dabei unterstützen, auf mögliche Fragen von Kindern, die über die Geschichte im Bilderbuch hinausweisen, professionell reagieren zu können. Auch wenn das Thema ›Antisemitismus‹ im Vordergrund steht, so können doch auch Fragen zum Thema ›Nationalsozialismus‹ aufkommen.

Die meisten Hintergrundinformationstexte versuchen hier, komplizierte Sachverhalte auf einfache Weise darzulegen. Sie können pädagogischen Fachkräften in Kitas und Lehrkräften an Grundschulen als Formulierungshilfen dienen, um mit Kindern ins Gespräch zu kommen. Zwei Hintergrundinformationstexte wurden hingegen auf einem Sprachlevel verfasst, der die pädagogischen Fachkräfte und Lehrkräfte direkt anspricht und sich Kindern nur durch pädagogische Vermittlungsschritte erschließt.

2. Was ist Antisemitismus?

»Antisemitismus ist eine bestimmte Wahrnehmung von Jüdinnen und Juden, die sich als Hass gegenüber Jüdinnen und Juden ausdrücken kann. Der Antisemitismus richtet sich in Wort oder Tat gegen jüdische oder nichtjüdische Einzelpersonen und/oder deren Eigentum sowie gegen jüdische Gemeindeinstitutionen oder religiöse Einrichtungen.« So lautet die Arbeitsdefinition der International Holocaust Remembrance Alliance/Internationale Allianz zum Holocaustgedenken (2021), die mittlerweile von den EU-Staaten als Arbeitsgrundlage übernommen wurde. (Bundesverband RIAS 2020)

Was beinhaltet diese ›bestimmte Wahrnehmung‹? Sie zeigt sich in unterschiedlichen Formen (vgl. Kölsch-Bunzen 2023), die sich historisch verorten lassen:

2.1 Religiöser Antijudaismus

Als Grundform lässt sich der religiöse Antijudaismus bestimmen, der sich aus konflikthaften Abgrenzungsprozessen der frühen Christen gegenüber dem Judentum entwickelt hat. Neben vielen positiven Aussagen des Neuen Testaments gegenüber jüdischen Menschen, finden sich dort auch Darstellungen, die nach heutigem Stand theologischer Forschung fehlinterpretiert wurden. So wird im Neuen Testament vom urchristlichen Jünger Judas berichtet, der sich gegen die neue Glaubensgemeinschaft wendet. Diese biblische Lehrgeschichte wendet sich an Christen und fordert sie auf, an ihrem christlichen Glauben festzuhalten.

Verschwörungsphantasmagorie: Ab dem ausgehenden Mittelalter wird diese Geschichte immer weiter negativ ausgestaltet. Aus dem urchristlichen Jesusjünger Judas wird der ›Jude Judas‹, dem eine verräterische, geldgierige, mörderische Haltung zugeschrieben wird. ›Judas‹ wird zur Legende vom ›Verschwörer‹ und geldgierigen ›Wucherer‹ weiterentwickelt. Die Legende wird zur ›Phantasmagorie‹, zu einer Verschwörung gegen Gott und die Welt‹. Diese Legende von ›Judas‹, der für ›den Juden‹ schlechthin steht wird zu einem **Trugbild**, das keine Anhaltspunkte in der Wirklichkeit mehr braucht. Die Legende ›weiß‹, dass ›der Jude‹, egal ob Mann, Frau oder Kind, sich prinzipiell gegen das wendet und verschwört, was die Welt in ihrem Kern zusammenhält, gegen Gott und seine Vertretung auf Erden selber. Dabei wird die ›Judasfigur‹ zum ›inneren Feind‹ stilisiert. Gerade aus dem innersten Zirkel der Macht heraus, im Jüngerkreis um Jesus Christus, vermag er angeblich im Geheimen seine vermeintlich zerstörerische Wirkung zu entfalten. Diese himmelstürzende ›Verschwörung‹ müsse erkannt, er muss ausgesondert werden. Er soll sich selbst zerstören oder er muss vernichtet werden, bevor er ›alles‹ vernichten könne. Die Judaslegende wird zur Grundfigur, auf der seither alle weiteren Weltverschwörungsphantasmagorien aufbauen. Aus diesem Grund beinhalten auch alle Weltverschwörungsphantasmagorien, die in der Geschichte seither entwickelt wurden und immer noch entwickelt werden, stets einen antisemitischen Kern. Der Begriff des Verschwörungsphantasmagorie gibt diesen Sachverhalt wohl am treffendsten wieder. Der Begriff der ›Verschwörungstheorie‹ verkennt, dass Theoriebildung immer auf Wissenschaft beruht, die ihre Ergebnisse selbstreflexiv, methodenbezogen argumentativ darlegen kann. Dies trifft prinzipiell nicht auf Verschwörungsvorstellungen zu. Verschwörungsphantasmatiker*innen‹ verfügen über keine wissenschaftliche Methodik, Zweifel und Selbstzweifel treiben sie nicht um. Auch der Begriff des ›Verschwörungsmythos‹ erscheint weniger geeignet, das Phänomen von Verschwörungsvorstellungen zu beschreiben, da auf diese Weise der Begriff des ›Mythos‹, der in Religionen durchaus positive Vorstellungen beinhalten kann, diskreditiert wird.

Der Jude Judas: Ab dem ausgehenden Mittelalter wird der Figur des ›Juden Judas‹ nun eine besondere Körperlichkeit zugeschrieben. Die antijudaistische Legende vom ›Gottes- und Weltverschwörer Judas‹ erfährt eine Verbildlichung durch christliche Gemälde und wird u. a. über Passionsspiele weithin verbreitet. Die Figur des ›Judas‹ wird gleichgesetzt mit ›den Juden‹ insgesamt. ›Judas‹ und somit jedem einzelnen Juden, gleichgültig ob Mann, Frau oder Kind, wird die für damalige Zeit ›unvorstellbar große‹ Macht zugeschrieben, Christus – und somit letztlich auch Gott selber – allerschwersten Schaden zufügen zu können. Wer über diese Macht verfügt, dem sind auch andere Vergehen zuzutrauen wie ›Brunnenvergiftung‹ und ›Kindesmord‹. An dieser Stelle erfährt der Antijudaismus eine auf die Eliminierung von ›Juden‹ abzielende

Aufladung. Die >Judaslegende< wird zur Basiserzählung aller >judenfeindlichen Verschwörungsphantasmagorien<.

Religiöser Antijudaismus erweist sich als wandlungsfähig und findet sich auch im Koran bzw. den Hadithen. Hadithe sind die nicht-koranischen Überlieferungen der Aussagen und Handlungen des Propheten Mohammed sowie die Aussagen und Handlungen Dritter, die als von Mohamed autorisiert betrachtet werden.

Aus diesem religiösen oder quasireligiösen Untergrund, aus diesem Bildmaterial von einer welterschütternden >jüdischen Verschwörung< zieht die >bestimmte Wahrnehmung< von >Juden< seine zerstörerische Kraft.

2.2 Moderner Antisemitismus

Der Begriff >Antisemitismus< wurde in der zweiten Hälfte des 19. Jahrhunderts, in der beginnenden Moderne, geprägt von gesellschaftlichen Akteuren und Akteurinnen, die sich selbstbewusst >Antisemiten< nennen. Förderer des Antisemitismus waren keinesfalls sozial Benachteiligte, von der Gesellschaft Vernachlässigte, sondern entstammten mehrheitlich der ökonomisch aufstrebenden Mitte der Gesellschaft. Das ist auch heute noch so. Antisemiten und Antisemitinnen übernahmen und übernehmen Vorstellungen aus dem religiösen bzw. quasireligiösen verschwörungsphantasmagorischen Antijudaismus und fügen rassistische Vorstellungen ein. Jetzt werden >die Juden< nicht mehr als Angehörige einer Religion gesehen, sondern zusätzlich auch noch als >Rasse<. Der moderne Antisemitismus bleibt antijudaistisch und er wird außerdem noch rassistisch aufgeladen. Heute wissen wir aus der Populationsgenetik, dass es keine >Menschenrassen< gibt. Diese wissenschaftliche Erkenntnis lassen heutige Antisemiten und Antisemitinnen jedoch an sich abprallen.

2.3 Antisemitismus in der Zeit des Nationalsozialismus

In der Zeit des Nationalsozialismus wird das in Antijudaismus und Antisemitismus angelegte destruktive Potential bewusst und massiv aktiviert. Im NS zeigt sich die Antijudaismus und Antisemitismus innewohnende, zerstörerische, in letzter Konsequenz auf >Vernichtung< abzielende spezifische Dynamik. Vernichtet werden sollte jeder einzelne Jude, jede einzelne Jüdin, jedes einzelne jüdische Kind aus einem einzigen Grund, weil sie jüdisch waren oder weil ihnen >das Jüdische< zugeschrieben wurde. Die sich kumulativ steigernden, antijudaistische und antisemitisch motivierten Maßnahmen der Verfolgungs- und Vernichtungspolitik im Nationalsozialismus führten zur Ermordung von sechs Millionen Juden, unter diesen befanden sich anderthalb Millionen Kinder unter 14 Jahren.

2.4 Antisemitismus nach der Shoah

Der >Post-Shoah-Antisemitismus< entwickelt sich nach 1945. Es handelt sich um eine Form von Antisemitismus, die Schuldabwehr und Holocaustleugnung bzw. Holocaustrelativierung beinhaltet.

2.5 Israelbezogener Antisemitismus/Anti-Israelismus

Schließlich lässt sich noch eine weitere Form der >bestimmten Wahrnehmung< von >Juden< nachweisen: der >Israelbezogene Antisemitismus< bzw. >Anti-Israelismus<. Israelbezogener Antisemitismus / Anti-Israelismus ist dadurch gekennzeichnet, dass der Staat Israel keine faire Kritik erhält, sondern 1. dämonisiert, 2. delegitimiert und 3. mit einem Doppelstandard konfrontiert wird, also eine andere Bewertung seiner Politik erfährt als andere Staaten der Welt.

2.6 Grundstruktur aller Formen von Antisemitismus

Alle Formen von Antijudaismus und Antisemitismen vereint ein Grundelement, das als Unterscheidungsmerkmal gegenüber allen anderen Formen von Diskriminierung kennzeichnet.

Von seiner Grundanlage her ist das Phänomen der ›Judenfeindschaft‹ in allen Erscheinungsformen in letzter Konsequenz auf Vernichtung hin ausgerichtet. Dies lässt sich am Beispiel der Shoah verdeutlichen: »Charakteristisch für den Holocaust war ...: der Holocaust hatte keine funktionelle Bedeutung. Die Ausrottung der Juden war kein Mittel zu einem anderen Zweck. Sie wurden nicht aus militärischen Gründen ausgerottet oder um gewaltsam Land zu nehmen ...; es ging auch nicht um die Auslöschung der potentiellen Widerstandskämpfer unter den Juden ... Es gab auch kein ›äußeres‹ Ziel. Die Ausrottung der Juden musste nicht nur total sein, sondern war sich selbst Zweck – Vernichtung um der Vernichtung willen –, ein Zweck, der absolute Priorität beanspruchte.« (Postone 1982, 14)

Schwarz-Friesel/Reinharz (2013, 108) führen in ihrer Studie den Nachweis, dass diese Vernichtungsabsicht als einzigartiges Merkmal aller Formen von ›Judenfeindschaft‹ gelten kann: »Das ... Weltdeutungssystem der Judenfeindschaft ... richtet sich prinzipiell gegen die Existenz von Juden«.

›Judenfeindschaft‹ in allen geschichtlichen Entwicklungsformen ist auch Vorurteil, ist auch rassistisch, darüber hinaus ist sie von ihrer Grundstruktur her, prinzipiell auf Eliminierung hin ausgerichtet.

Insofern: Alle Formen und Mischformen des ›Antisemitismus‹ – als Oberbegriff verstanden -, der ›Judenfeindschaft‹, der ›Antisemitismen‹ sind keinesfalls ›harmlos‹. Keine dieser Formen entstand naturwüchsig aus sich selbst heraus und keine vermag sich dementsprechend von selbst aufzulösen. Nur wenn die Spezifik von ›Antijudaismus‹, ›Antisemitismus‹, ›Judenfeindschaft‹ bzw. ›Antisemitismen‹ erkannt wird, können auf unterschiedlichen Ebenen Gegenmaßnahmen greifen.

Antisemitismus wendet sich in eklatanter Weise gegen die Menschenrechte und stellt somit eine ernsthafte Bedrohung für die Demokratie dar. Antisemitismus in jeder Form diskreditiert Religionen und Weltanschauungen, die sich an dieser Stelle nicht ausdrücklich abgrenzen. Insofern ist dem Beauftragten gegen Antisemitismus in Baden-Württemberg, Blume (2019) zuzustimmen, wenn er deutlich darauf hinweist: Antisemitismus bedroht »uns alle«. Insofern liegt die Prävention von Antisemitismus im Interesse jedes Demokraten und jeder Demokratin. Blume (2019) führt aus: »Der Kampf gegen Antisemitismus dient also keineswegs nur dem Schutz von Jüdinnen und Juden, sondern dem Wohlergehen aller Menschen, Religionen und Weltanschauungen«. (22)

›Antisemitismus‹, so die Arbeitsdefinition der IHRA (2021), der International Holocaust Remembrance Alliance/der Internationalen Allianz zum Holocaustgedenken, kann sich als »Hass gegenüber Jüdinnen und Juden« ausdrücken. Jedoch muss ›Judenfeindschaft‹ nicht per se mit intensiven Gefühlen verbunden sein. ›Judenfeindschaft‹ in Wort bzw. Tat wirkt, und dies muss man sich klar machen, in jedem Falle objektiv feindlich. Antisemitismus in jeder Form trägt einen Kern in sich, der letztlich auf Eliminierung abzielt. Diese vernichtende Potenz einer antisemitischen Äußerung bzw. Handlung kann seine Wirkung entfalten unabhängig davon, wie sie sich aus subjektiver Perspektive darstellt, wie sie ›gemeint‹ oder auch ›so nicht gemeint‹ war.

3. Antisemitismus – auch ein Thema in Kindertageseinrichtungen und Grundschulen

Kinder im Kitaalter und in der Grundschule, die sich antisemitisch äußern, verwenden Vorstellungen, von denen sie annehmen, dass sie in der Gesellschaft relevant sein könnten. Sie probieren aus, welche Effekte sich damit erzielen lassen. Es kann nicht vorausgesetzt werden, dass ihnen dabei die historische Tiefendimension bewusst ist.

Keinesfalls wird in dieser Handreichung nun etwa nach ›kleinen Antisemiten und Antisemitinnen‹ gefahndet. In Bildungsinstitutionen geht es vielmehr darum, Kindern die Möglichkeit zu eröffnen, Teilhabe an Demokratie und Menschenrechten konkret in ihrem Alltag zu erfahren. Eine demokratische an Menschenrechten orientierte elementarpädagogische, schulische bzw. außerschulische Bildung widersteht jeglicher Form von Diskriminierung. Sie tritt in einem umfassenden Sinne für Bildungsgerechtigkeit ein und wendet sich somit auch ausdrücklich gegen Antisemitismus. Dieses Engagement muss sich in den Bildungsinstitutionen auf allen Ebenen der von ihr angestrebten Bildungsqualität erweisen.

3.1. Antisemitismus und Grundschule

Wie kann es sein, dass sich diese verzerrte Sicht auf die Welt und auf jüdische Menschen immer weiter tradiert?

In einer aktuellen Studie berichten jüdische Kinder, Jugendliche und deren Eltern in Deutschland von einer besorgniserregenden »Zunahme und Normalisierung des Antisemitismus« (Bernstein 2020, 12) in Schulen sowohl unter Schüler*innen als auch unter Lehrkräften. Auch Grundschulen sind hiervon nicht ausgenommen.

So bemüht sich beispielsweise seit einiger Zeit die Senatsverwaltung für Bildung, Jugend, Familie zu Berlin darum, einen ersten Überblick zu verschaffen über die Verbreitung des Phänomens Antisemitismus an Grundschulen im Einzugsbereich. Hierzu wurden aktuelle Erfahrungsberichte zusammengetragen. In einer Broschüre der Senatsverwaltung für Bildung, Jugend, Familie zu Berlin zum Thema »Umgang mit Antisemitismus in der Grundschule« wird u. a. von folgenden Begebenheiten berichtet (2020), die aufzeigen, dass auch Grundschulkinder bereits Antisemitismus ausprägen:

1. Beispiel: »Im November 2016 sang ein Schüler beispielsweise im Deutschunterricht in einer Schule in Hellersdorf ›Tut, tut, tut, die Eisenbahn, wer will mit nach Auschwitz fahren?‹, woraufhin eine Mitschülerin 36 Namen von Schülerinnen und Schülern aus anderen Klassen und von Lehrerinnen und Lehrern aufschrieb, die sie deportieren würde.« (10)

2. Beispiel: »An einer Tempelhofer Grundschule wurde im Februar 2018 eine Schülerin von einem Mitschüler gefragt, ob sie Jüdin sei. Der Schüler habe daraufhin nach Informationen der Berliner Zeitung mehrfach in bedrohlichem Tonfall das Wort ›Jude‹ gesagt.« (10)

3. Beispiel: »Es wurde ein Fall bekannt, bei dem ein achtjähriger Junge in einer Berliner Schule im April 2019 einen Witz mit NS-Bezug erzählte, während ein jüdisches Mädchen daneben stand (sic!) und ihm klar signalisierte, dass sie das nicht gut findet.« (19

4. Beispiel: »Im März 2019 hatte ein Schüler an einer Schule in Weißensee im Englischunterricht quer durch den Klassenraum geäußert: ›Habt ihr schon einmal ein jüdisches Familienfoto gesehen? Da ist nur Rauch drauf.‹« (10)

Vermutlich ist die Berliner Senatsverwaltung hier lediglich auf die Spitze eines Eisbergs gestoßen. Weitere systematische Forschungsarbeiten hierzu stehen noch aus. Deutlich wird an diesen Beispielen: Es ist die Aufgabe jeder Bildungsinstitution, Kindern auf ihr Probehandeln zu einem brisanten Problem, wie es Antisemitismus ohne Zweifel insgesamt für eine demokratische Gesellschaft darstellt, eine angemessene, aus der Sackgasse des Antisemitismus frühzeitig herausführende, pädagogische Antwort zu geben.

Und man sollte auch noch hinterfragen, ob tatsächlich davon auszugehen ist, dass Grundschulkinder ihr ›Wissen‹ und ihre ›Kenntnisse‹ über das Phänomen der ›Judenfeindschaft‹ erst in der Schule erwerben oder ob Kinder nicht vielmehr bereits in noch früherem Alter Erfahrungen zu Formen und Mischformen des Antisemitismus sammeln und experimentell erproben konnten. Umfassende Studien zu ›Wissen‹, ›Kenntnissen‹ und Erfahrungen von Kindern im Elementarbereich im Blick auf das Phänomen Antisemitismus im deutschsprachigen Raum stehen noch aus. Im Blick auf die Thematisierung der Shoah jedoch hat sich für den Primarbereich die Erkenntnis durchgesetzt, dass es illusorisch sei, Kinder »vor einer Begegnung mit Nationalsozialismus und Holocaust fern zu halten«, so fasst Becher (2009, 37) die Diskussion um das Für und Wider zusammen, schließlich handele es sich dabei auch »um Momente kindlicher Lebenswelten«. Die Begegnung mit diesen Themenbereichen sollte jedoch zugleich auch auf der Forschungsebene zur Analyse möglicher antisemitischer Vorstellungen von Kindern und auf der Praxisebene zur Antisemitismusprävention genutzt werden.

3.2. Antisemitismus in Kitas und Grundschulen – ein bisher noch wenig erforschter Bereich

Deutlich besser erforscht ist das Vorkommen von ›Vorurteilen‹ im Primarbereich und mittlerweile auch schon im Elementarbereich. In Forschungsarbeiten konnte gezeigt werden, dass von Grundschulkindern und auch bereits von Kindern unter 6 Jahren negative Vorstellungen beispielsweise gegenüber Personen, die sich als Black, Indigenous and People of Color (BIPoC) verstehen, vorgebracht werden. (vgl. u. a.: Clark/Clark 1947, Ausdale/Feagin 2001, Quian et al. 2015, Mandalaywala et al. 2020) Bereits Kinder im Elementarbereich greifen Vorurteile ihrer sozialen Umwelt auf und probieren aus, welche Effekte sich damit in der alltäglichen Kommunikation erzielen ließen. Basierend auf diesen Ergebnissen zur Vorurteilsforschung gibt es mittlerweile zahlreiche Praxisbücher zum Thema Vielfalt, die darauf abzielen, die professionelle Handlungsfähigkeit im pädagogischen Alltag insbesondere von Fachkräften in der Erziehung und Bildung von Kindern in der Frühpädagogik zu stärken, damit sich Vorurteilsstrukturen nicht verfestigen. Die Autorin hat gemeinsam mit einer Kollegin und einem Kollegen dazu unter dem Titel ›Vielfalt annehmen und gestalten‹ ein Fachbuch als Handreichung zum Orientierungsplan in Baden-Württemberg verfasst (Kölsch-Bunzen/Morys/Knoblauch 2015).

4. Selbstklärung für pädagogische Fachkräfte und Lehrkräfte: Schuld, Scham, Verantwortung

Die Auseinandersetzung mit Antisemitismus ist nicht nur für Kinder alles andere als leicht. Vermutlich fällt Erwachsenen die Konfrontation mit dieser Thematik sogar noch erheblich schwerer. Dabei ist es möglicherweise weniger die sachliche Seite, die hier Probleme bereitet. Es könnten gerade die emotionalen Aspekte sein, die einen Zugang zum Thema erschweren. Eine antisemitische Aussage oder Handlung stiftet emotionale Verwirrung auf einer sachlichen Ebene und vor allem auf einer emotionalen Ebene (vgl. Kölsch-Bunzen 2023).

4.1. Antisemitismus – Halb so schlimm?

Dass antisemitische Beleidigungen keineswegs der Vergangenheit angehören, zeigt eine aktuelle Studie von Julia Bernstein (2020), in der sie zahlreiche Interviews mit Kindern, Jugendlichen, Lehrkräften und Sozialarbeiter*innen führte. Das Wort ›Jude‹ wird, so Bernstein, immer noch in Schulen als Schimpfwort verwendet. Sie führt ein Beispiel aus einer Schule der Sekundarstufe I an, die sich durchaus auch an einer Grundschule so abspielen könnte. Der Forscherin wird berichtet, dass beispielsweise einem russischsprachigen 14-jährigen jüdischen Schüler, der neu in eine Klasse gekommen war, heimlich ein Zettel mit der Aufschrift ›Jude‹ am Rücken befestigt worden war. Den ganzen Schultag über blieb der Junge mit diesem Zettel markiert. Bernstein kommentiert: »Als unbekannter, neuer Schüler wird er so in verächtlicher Weise, die seine Selbstbestimmung und Handlungssouveränität unterminieren, in der Schulöffentlichkeit als Jude ›vorgeführt‹.« (104) Die Sozialarbeiterin Gabriela, der der Junge diese Begebenheit geschildert hatte, sieht Klärungsbedarf und spricht den Schulleiter an. Es entspinnt sich folgender Dialog:

»Schulleiter: Warum denken Sie, dass es gerade diesem Jungen passiert?

Gabriela: Und warum denn?

Schulleiter: Naja, haben Sie gesehen, wie der sich kleidet und wie er aussieht?

Gabriela: Was meinen Sie?

Schulleiter: Dieser Junge kommt nicht gepflegt in die Schule, er stinkt! Da stimmt was in der Familie nicht.

Gabriela: Was hat es damit zu tun?« (105)

Bernsteins Analyse dieser Redesequenz lautet: »Anstatt diesen antisemitischen Angriff zu verurteilen und den Betroffenen zu schützen, erklärt der Schulleiter die Bloßstellung damit, dass der Betroffene ungepflegt sei. Damit wird der antisemitische Charakter der Bloßstellung verkannt, in antisemitischer Manier wird dem Betroffenen eine Verantwortung dafür zugewiesen.« (105). Bernstein merkt an: »Diese Tendenz, den Grund des Antisemitismus beim Opfer zu suchen, wiederholt sich in mehreren Interviews.« (105)

Zunächst einmal muss hier auf einer sachbezogenen Ebene Klarheit geschaffen werden:

Dieser Schulleiter nimmt an dieser Stelle in der Bildungsinstitution seine Leitungsfunktion, die ihm vom demokratischen legitimierten Staat übertragen wurde, nicht wahr. Schließlich soll nach § 28.2 der Kinderrechtskonvention (KRK) gelten: »Die Vertragsstaaten treffen alle geeigneten Maßnahmen, um sicherzustellen, dass die Disziplin in der Schule in einer Weise gewahrt wird, die der Menschenwürde des Kindes entspricht und im Einklang mit diesem Übereinkommen steht.«

Deutlich wird auch: Eine Schule, die Antisemitismus nichts entgegenzusetzen hat, befördert für alle Schülerinnen und Schüler ein Schulklima, dass Demokratie und Menschenrechte unterminiert.

Hier gibt es also einen sachbezogenen Handlungsbedarf, der diesen Einzelfall einschließt und darüber hinaus ein professionelles Konzept der Antisemitismusprävention für die gesamte Schule erfordert. Weil Antisemitismus in jeder Form menschenrechtswidrig und demokratiefeindlich wirkt, sind antisemitismuspräventive Maßnahmen zu ergreifen unabhängig davon, ob in der Schule Schüler*innen, Lehrkräfte, Eltern Mitarbeiter*innen mit jüdischem Hintergrund bekannt sind.

Dies ist die eine Seite, die hier zu bedenken und konkret anzugehen ist, die andere betrifft die Seite der Emotion.

4.2. Professionalität – auch eine Frage des Gefühls

Der Erziehungswissenschaftler Kersten Reich (1997) fasst die Erkenntnisse aus Analysen von Kommunikationskonflikten nach Bateson und Watzlawick zusammen: »Die Behauptung dieser Kommunikationstheorie geht nun dahin, daß (sic!) die Beziehungswelt die Inhaltswelt entschieden stärker bestimmt als umgekehrt. Dies wird aus Erfahrungen in der Kommunikation selbst abgeleitet. Wenn wir uns Störungen der Kommunikation ansehen ..., dann wird das Zusammenwirken von Beziehungswelt und Inhaltsebene deutlich. Hier spricht man auch gerne vom Eisbergmodell: Die Inhalte, mit denen wir symbolisch miteinander umgehen, stellen nur die Spitze eines Eisbergs dar, der sein Hauptgewicht in den Beziehungen trägt.« (34) Auch wenn Reich in seinen späteren Ausführungen, das Kommunikationsmodell erweitert, so unterstützt er prinzipiell die hier dargestellte Vorstellung des Eisbergmodells.

4.3. Diffuse Schuldgefühle

Über die persönlichen Gefühle des Schulleiters können letztlich keine gültigen Aussagen getroffen werden. Dennoch kann man sich fragend annähern. Handelt der Schulleiter wirklich rein sachlich? Das kann bezweifelt werden, denn aus einer sachlich-fachlichen Sicht heraus, hätte er zu einer anderen Einschätzung kommen müssen. Zu konstatieren ist, dass er gegenüber diesem antisemitischen Vorgang in seiner Schule eine Abwehrhaltung einnimmt. Mit den sachlichen Anfragen der Sozialarbeiterin vermag er sich nicht auseinanderzusetzen. Vielmehr geht er auf emotionale Distanz zur Zumutung des Themas. Dem Thema Antisemitismus wird kein Platz für eine professionelle Reflexion eingeräumt. Der Schulleiter verdeutlicht, durch sein Verhalten: An dieser Schule hat das Thema Antisemitismus nicht zu existieren. Antisemitismus ist ein Nicht-Thema. Diese Nicht-Thematisierung führt, das sieht Bernstein sehr richtig, zu einer Täter-Opfer-Umkehr. Der vor anderen Schüler*innen der Schule vorgeführte Junge soll nun selber schuld sein. Er soll etwas an sich haben, das Aggressionen bei den Peers schürt und auch die Aggression des Schulleiters zumindest vor sich selber rechtfertigt. Bemerkenswerterweise wird das Thema Antisemitismus mit einer ›Schuldfrage‹ verknüpft. Der Sozialarbeiterin geht es um die sachliche Anerkennung des Faktums, dass an der Schule Antisemitismus aufgetreten ist. Der Schulleiter verwandelt dies in eine emotionale ›Schuldfrage‹.

Statt, wie erwartet, den jüdischen Schüler zu schützen und ihm professionelle Hilfe angedeihen zu lassen und das Thema Antisemitismus auch konzeptionell zu bearbeiten, erfährt der Verunglimpfte noch ein weiteres Mal eine Herabsetzung seiner Person, denn es muss dem Gesprächsteilnehmer und der Gesprächsteilnehmerin klar gewesen sein, dass dem von Antisemitismus betroffenen Schüler und seinen Eltern von diesem Gesprächsausgang berichtet wird.

Waren aus der Sicht des Schulleiters der jüdische Junge und die Sozialarbeiterin zu Überbringern der schlechten Nachricht geworden, die da lautet: Auch an dieser Schule gibt es Antisemitismus. Und: Man hätte es wissen können, dass Antisemitismus existiert auch ohne Jüdinnen und Juden im direkten Umfeld.

Die Handlungsweise des Schulleiters kann man nicht billigen. Aber vielleicht ist es doch weiterführend, sich fragend auf die Gefühlsebene zu begeben. Welche Gefühle könnten hier vermutet werden? Naheliegend ist es, hier Schuldgefühle anzunehmen.

Die Überbringer der schlechten Nachricht könnten, wenn man sich einmal versuchsweise in die emotionale Lage des Schulleiters versetzte, ihm deutlich machen, dass er unangenehmerweise über kein Konzept der Antisemitismusprävention verfüge. Sie könnten ihm die schlechte Nachricht überbringen, dass er unangenehmerweise über keine professionelle Verhaltensweise verfüge, um mit diesem Fall angemessen umzugehen. Sie könnten ihm die schlechte Nachricht überbringen, dass unangenehmerweise seine Strategie, der Nicht-Thematisierung von Antisemitismus nicht aufgegangen ist. So muss er unangenehmerweise feststellen, dass er sich geirrt hat und nun fachlich gesehen ziemlich blank dasteht. Muss er sich schuldig fühlen? Ehe ihm seine Rolle als Schulleitung entgleitet, weist er aufkeimende Schulgefühle von sich und geht in den Angriffsmodus. Vielleicht ist die Situation an einer deutschen Schule sogar noch komplizierter, in dem man sich einreden könnte, man lasse sich keine Schuldgefühle im Umgang mit Juden und Jüdinnen (mehr) machen! Und man könnte sich empören: Da wurde doch wahrlich genug aufgearbeitet! Möglicherweise handelt es sich dann um eine Abwehr von mehreren Schuldgefühlsschichten.

Der jüdische Schüler hat die Schule verlassen, so berichtet es Bernstein (2020, 105).

4.4. Lob der Scham

Der Schulleiter wird wohl kaum in diesem Fall zur Selbstzufriedenheit zurückfinden können. Möglicherweise haben diffuse, ungeklärte Schuldgefühle ihn daran gehindert, professionell angemessen zu handeln.

Eine Emotion, die sich sehr ähnlich anfühlt, wie Schuld, könnte ihn begleiten. Eine Emotion, auf die er viel früher hätte achten können und sollen. Es handelt sich um das recht unangenehme und doch äußerst wichtige Gefühl der Scham. Der Psychiatrieprofessor Daniel Hell (2018) gewinnt diesem facettenreichen Gefühl in seinem Buch ›Lob der Scham‹ ausgesprochen positive Seiten ab. In der Scham verbindet sich die physische Seite des Menschen mit der sozialen. Hell (2018) fasst zusammen: »Sie ist biologisch angelegt und wird kulturell geprägt.« (29) Die soziale Prägung nimmt der Scham, so Hell (2018) nicht ihre positiven Seiten, auch nicht die Tatsache, dass immer auch die Gefahr besteht, dass es zu ungerechtfertigter Beschämung kommen kann: »Genaugenommen ist also nicht die Scham falsch, sondern falsch sind die übernommenen Werte, auf die das Schamgefühl verweist.« (9)

Bindet sich jedoch die Scham an positive gesellschaftliche Wertvorstellungen wie Menschenrechte und Demokratie, dann kann das Schamgefühl sein positives Potential entfalten. Hell (2018) legt dar: »Ich verstehe Scham als einen Sensor der Selbstachtung. Dabei können wir unsere Selbstachtung dadurch gefährden, dass wir uns vor anderen blamieren oder bei wichtigen Bezugspersonen selbstverschuldet an Glaubwürdigkeit verlieren. In einem solchen Fall spreche ich von ›sozialer Scham‹. Andererseits können wir uns aber auch vor uns selbst schämen, ohne dass andere Menschen davon wissen. Wir können uns zum Beispiel im Stillen schämen, feige gewesen zu sein und gegen eigene Wertvorstellungen von Mut oder Aufrichtigkeit verstoßen zu haben. In diesem Fall spreche ich von ›persönlicher oder personaler Scham‹.« (8) Hell (2018) zieht hieraus eine wichtige und auch für unsere Thematik wichtigen Schluss: »In beiden Fällen kann das Schamerleben als Aufforderung verstanden werden, sich zu verändern – einerseits um zwischenmenschlich und sozial kompetenter zu werden, andererseits um vermehrt zu den eigenen Werten zu stehen ... Beides setzt aber voraus, dass wir auf das Schamgefühl hören und es nicht abweisen.« (8)

Nach Hell (2018) verbindet uns das Schamgefühl mit dem, was uns zutiefst im positiven Sinne menschlich macht, mit unserem Selbstbewusstsein und zwar, wie Hell (2018) es formuliert, in einem »doppelten Sinne: erstens im Sinne einer ›reflexiven Selbstbewusstheit‹, eines sich selbst Erkennens, und zweitens im Sinne eines wertenden Selbstbewusstseins, eines sich selber Achtens.« (9)

Hell (2018) warnt ausdrücklich vor Schamverlust: »Wenn das eine oder andere verloren geht, tritt Scham nicht mehr auf.« (9)

Die Auseinandersetzung mit dem Thema Antisemitismus fordert alle Pädagog*innen in Bildungsinstitutionen heraus. Den dabei aufkommenden Gefühlen hier aus dem Weg gehen zu wollen, führt, wie an dem obigen Beispiel deutlich werden konnte, dazu, dass wenn auch eher ungewollt, letztlich Antisemitismus verstärkt wird und sich Stück für Stück immer ein wenig mehr durchsetzen kann.

Schwierige Gefühlslagen, die unweigerlich aufkommen, wenn man dem Thema Antisemitismus entschlossen und professionell begegnen will, sind unvermeidlich. Dies sollte man sich von Anfang an bewusst machen. Schwierigen Gefühlen weicht man gern aus. Hier kann es sehr hilfreich sein, die Scham bewusst willkommen zu heißen. Die Scham verunsichert, aber Pädagog*innen wissen aus der beruflichen Erfahrung, dass diese produktive Verunsicherung systematisch zu Lehr-Lern-Prozessen dazugehört und zwar nicht nur für Lernende, sondern auch für Lehrende.

Die Scham im Hinblick auf den Umgang mit dem Thema Antisemitismus, die Professionelle im Bildungsbereich durchleben, deutet nicht auf einen Verlust von Professionalität hin, sondern lässt sich als deren notwendiger Ausgangspunkt bestimmen.

Scham zu empfinden, vielleicht gemischt mit diffusen Schuldgefühlen, erfordert zunächst die Anstrengung einer Sortierarbeit:

Woran kann man Schuld tragen? An der Shoah, weil Verwandte Schuld auf sich geladen haben? Das hieße, der Rhetorik des Nationalsozialismus auf den Leim zu gehen. Schuld ist nicht physisch übertragbar von einer Generation zur nächsten, sie lässt sich nicht vererben. Schuld ist immer an eine entscheidungs- und handlungsfähige Person gebunden. Eine Kollektivschuld kann es nicht geben. Sie wurde auch beispielsweise von den westlichen Alliierten bei den Militärtribunalen und in Gerichtsverfahren nach 1945 gegenüber Angeklagten beim Versuch, NS-Unrecht zu ahnden, gar nicht behauptet. Vielmehr wurde diese Kollektivschuld-Behauptung fälschlicherweise von denen aufgebracht, die sich mit einer Anklage konfrontiert sahen. Verurteilt wurden von westlichen Alliierten Kriegsverbrechen und Verbrechen gegen die Menschlichkeit, sofern sie auf eine persönlich zurechenbare, nachweisbar schuldhafte Handlung zurückgeführt werden konnten.

Schamgefühle beim Thema Antisemitismus zu entwickeln, ist vermutlich unvermeidlich und kann, wenn sie nicht verdrängt werden, in eine positive Richtung weiterführen. Man kann sich fragen: Warum fühle ich mich schlecht, wenn das Thema Antisemitismus aufkommt? Ich fühle mich schlecht, weil antisemitische Äußerungen nicht mit den eigenen demokratischen und menschenrechtsorientierten Vorstellungen in Einklang zu bringen sind. Ich fühle mich unwohl, weil ich selbst noch nicht in dem Maße aktiv geworden bin, wie ich es von mir selbst erwarte. Ich fühle mich schlecht und spüre meine Scham als Fremdschämen, weil andere Menschen hinter wichtigen universell gültigen Maßstäben zurückgeblieben sind.

4.5. Verantwortung

Vereinfacht ausgedrückt könnte man das Verhältnis von Schuld und Scham auf diese Formel bringen: Gerade sehr diffuse Schuldgefühle verbinden sich stark mit dem, was andere mir zuschreiben. Scham vermag mich mit meinen eigenen Werten verbinden. Diffuse Schuldgefühle lösen insofern eher Abwehr aus, weil sie als etwas von außen Kommendes aufgefasst werden können, Schamgefühle resultieren demgegenüber aus den positiven Werten, die ich mir selbst angeeignet habe.

Wenn diese Scham bewusst angenommen und ihr nicht ausgewichen wird, dann kann sie zu einer verändernden Kraft werden. Dann muss auf die Überbringer von Nachrichten, die auf antisemitische Aussagen oder Taten im Umfeld hinweisen, nicht mehr mit Abwehr oder sogar Täter-Opfer-Umkehr reagiert werden. Das Schamgefühl, das nahe mit den eigenen positiven Werten verknüpft ist, kann dabei unterstützen, hinter den diffusen ersten Gefühlen wahrzunehmen, wo Schuldgefühle vorhanden sind und wo es sich um Schamgefühle handelt.

So können die Schamgefühle positiv wahrgenommen werden, nämlich als Aufforderung, für die grundlegenden Werte, die man selbst auch für richtig erachtet, einzutreten.

Dieses wertbezogene Schamgefühl kann also helfen, aus einem diffusen Schuldgefühl auszusteigen. Scham misst die Person, die sie fühlt, an gesellschaftlich geteilten Werten, die diese Person als eigene Werte anerkannt hat. Dies kann ein Maßstab sein, der dann auch aufzeigt, wo ich persönlich hinter diesem Maßstab zurückgeblieben bin. Möglicherweise ist dadurch einem anderen Menschen sogar ein Schaden entstanden. Hier bin ich dann in der je eigenen Biographie jemand anderem, ganz konkret und nicht diffus gefühlt, etwas schuldig geblieben.

Im Judentum bietet sich da ein leider häufig missverstandenes Gebot an. »Auge um Auge, Zahn um Zahn« heißt es in der Hebräischen Bibel. Hier geht es, wenn man den Text angemessen auslegt, eben gerade nicht um Rache. Nach jüdischem Verständnis ist man voll verantwortlich, wenn man etwas falsch gemacht hat. Ist dabei ein anderer Mensch geschädigt worden, so muss man ihn dafür angemessen entschädigen. Diese Rechtssystematik nennt man Talionsprinzip. Wenn die Hebräische Bibel also »Auge um Auge und Zahn um Zahn« fordert, dann kann hieran der moderne Rechtsgedanke vom Schadensersatz problemlos anschließen. Das Christentum bietet im Blick auf die Schuldproblematik das Vergebungskonzept, das jedoch nur dann positive Wirkungen zeitigen kann, wenn der Mensch, dem Unrecht geschehen ist, also das Opfer und dessen Wohlergehen im Fokus bleibt. Im säkularen Kontext lässt sich an Ausgleich durch Mediation denken.

So kann aus dem Sortieren diffuser Schuldgefühle mithilfe der nicht leicht aushaltbaren Emotion Scham, die mit den sozialen Werten konfrontiert, welche ich mir selbst zu eigen gemacht habe, schließlich Verantwortung entstehen. Das derart positiv gedeutete Gefühl der Scham verweist auf eine Werteverbindung, die das Ich mit der Gesellschaft verknüpft. Ebenso ist das Gefühl Scham über die Wertebrücke an Kognition anschlussfähig. Bei der Verantwortungsübernahme handelt es sich um eine emotional gestützte kognitive Leistung.

Scham, die sich an den Werten der Demokratie und der Menschenrechte ausrichtet, kann zu einer starken emotionalen Triebfeder werden, in Freiheit und nicht von außen diktiert, Verantwortung zu übernehmen.

Verantwortung setzt, so Adrian Holderegger im gleichnamigen Artikel im ›Lexikon der Ethik‹ (2006), zweierlei voraus: »erstens ein bewusst geleistetes, sich an Gründen ausweisen lassendes Handeln; und zweitens die subjektive Übernahme des Tuns und Lassens in der Form des Engagements, der Teilnahme und der Empathie, die über das bloß pflichtgemäß Geschuldete hinausgehen.« (398)

An Immanuel Kants Definition von Aufklärung mit seiner berühmten Aufforderung, den Zustand der Unmündigkeit und Unfreiheit zu verlassen und sich des eigenen Verstandes zu bedienen, schließt Holderegger (2006) an und verknüpft den Freiheitsbegriff mit dem der Verantwortung: »Hier wird«, so Holderegger, »an ein Freiheitsbewusstsein appelliert, das sich definiert an den Abhängigkeiten, von denen man sich lossagt. Verantwortung ist im Verhältnis dazu die Steigerung des ethischen Sinnes von Freiheit, insofern als es einem nicht bloß um die eigene Freiheit (Selbst-Dimension) zu tun ist, sondern als man seine eigene Freiheit moralisch, politisch, beruflich in den Dienst anderer bzw. in den Dienst gemeinsamer Lebensaufgaben zu stellen bereit ist (Sozial-Dimension). Freiheit erhält somit einen vorsorglichen ›Charakter‹, denn ich signalisiere die Bereitschaft, mit Aufgaben, Mandaten, Verpflichtungen usw., die mir zugewachsen oder übertragen wurden oder die ich mir angeeignet habe, schöpferisch umzugehen und zwar im Hinblick auf das Leben anderer. Die Verantwortung bricht die individualistische und auf eigene Bedürfnisse konzentrierte Freiheit auf und bindet sie ein in soziale Gefüge, in gemeinsame Aufgaben und Ziele. Damit scheint ein übergreifender ›fürsorglicher‹ Grundzug der Verantwortung auf, der den anderen wichtigen Gehalten – einstehen für die Folgen, Rechenschaftsabgabe den Mitmenschen gegenüber – eine Tiefendimension verleiht, die letztlich auf die Freiheit selbst verweist. Ein recht verstandener Verantwortungsbegriff umfasst daher immer auch Fürsorge- und Solidaritätspflichten.« (401)

5. Bildungsarbeit mit Bilderbüchern

5.1. Das Bilderbuch als offenes Bild-Text-Medium

Das Medium Bilderbuch hat sich in den letzten Jahrzehnten eindrucksvoll gewandelt. Der Bilderbuchforscher Tobias Kurwinkel (2017) hebt hervor: »In thematischer, erzählerischer und bildnerischer, nicht zuletzt in medialer Hinsicht hat sich das Bilderbuch zu einem« und hier greift er auf den Professor für visuelle Medien Jens Thiele zurück, »›komplexen, offenen Bild-Text-Medium‹ entwickelt.« (13 f.) Neben die klassische Altersstufengliederung für Bilderbücher tritt der jeweilige Verwendungszweck. So wird nach Kurwinkel, wiederum im Rückgriff auf Thiele, das Bilderbuch zwar schwerpunktmäßig als »eine ›Spezialkunst für Kinder‹« (13) aufgefasst. Diese anspruchsvolle Kunstform spricht mittlerweile jedoch auch Jugendliche und Erwachsene an.

Aber nicht nur die Reichweite von Bilderbüchern über Altersspannen hinweg hat sich verändert. Auch das, was in Bilderbüchern als sagbar gilt und was nicht, das Kriterium des ›Kindgemäßen‹ hat einen Wandel vollzogen. Es wird, so Thiele, »häufig der historisch Begriff der Kindgemäßheit beschworen, der trotz kritischer Aufarbeitung noch immer in aller Munde ist.« (189) Die Forderung nach Kindheitsgemäßheit von Bilderbüchern kann sich nicht auf solide Forschungsergebnisse berufen. Thiele vermutet: »Wenn die Kenntnis über die kindliche Bilderbuchrezeption so unzuverlässig ist, dient der Begriff des Kindgemäßen offensichtlich mehr den Erwachsenen als den Kindern. Unter einem kindgemäßen Bilderbuch werden seitens der Erwachsenen offenbar immer noch Einfachheit und Beschwichtigung statt Komplexität und Wahrheit verstanden.« (189)

Vielleicht lässt sich die Grenze auch gar nicht ausschließlich entwicklungspsychologisch ziehen, sondern kann letztlich nur diskursiv auf einer ethischen Basis verhandelt werden. Der Beutelsbacher Konsens, der in den 1970er Jahren formuliert wurde und als ersten zentralen didaktischen Leitgedanken ein »Überwältigungsverbot« gegenüber Lernenden (Landeszentrale für politische Bildung BW 2021) fordert, wurde für die politische Bildung formuliert, gewinnt jedoch zunehmend ganz grundsätzlich in Bildungsprozessen an Relevanz. Die Forderung eines Überwältigungsverbotes in Lehr-Lern-Prozessen kann hier Orientierung geben.

In Bildungsprozessen kann an Bilderbücher die Erwartung gestellt werden, dass sie die Lebens- und Alltagswelt Lernender aufgreifen und dabei u. a. auch ein ethischer Diskurs angestoßen wird. Insofern lässt sich das, was in den »Reckahner Leitlinien« (Prengel, A. et al. 2016) von Lehrkräften und pädagogischen Fachkräften gefordert wird, auch als grundsätzlicher Anspruch auf Bilderbücher, die in Bildungsprozessen eingesetzt werden, übertragen:

»Lehrpersonen und pädagogische Fachkräfte achten auf Interessen, Freuden, Bedürfnisse, Nöte, Schmerzen und Kummer von Kindern und Jugendlichen. Sie berücksichtigen ihre Belange und den subjektiven Sinn ihres Verhaltens. Kinder und Jugendliche werden zu Selbstachtung und Anerkennung der Anderen angeleitet.« (Prengel, A. et al. 2016)

5.2. Das Bildungspotential von Bilderbüchern

Das Bilderbuch ist aus pädagogischen Prozessen nicht wegzudenken. Auch andere Medien werden das Bilderbuch auf absehbare Zeit nicht von seiner Position im Bildungsbereich verdrängen. Dabei ist eine zunehmende Verknüpfung von Bilderbüchern mit anderen Medien zu konstatieren. Dabei steht nicht selten das Bilderbuch als Text-Bild-Erzeugnis im Vordergrund, das dann in andere Medien wie Hörspiel, Film, Theaterstück oder auch in Merchandisingprodukte überführt wird.

»Mit Blick auf die literarische Sozialisation des Kindes bietet das Bilderbuch, so Kurwinkel (2017) vielfältige Möglichkeiten der Sprachförderung – wie u. a. das Erlernen von Wörtern beim Entdecken von Beziehungen zwischen vorhandenem Weltwissen und neuen Begriffen, die Einführung in grundlegende Sprachmuster oder die Förderung des freien Sprechens.« (177)

Das Bilderbuch fördert Literacy, verstanden in einem sehr weiten Sinne als ›Lesefähigkeit‹. Bereits bei sehr kleinen Kindern finden sich Vorläuferfertigkeiten einer eigenständigen Lesefähigkeit, Early oder Emergent Literacy. »Kleine Kinder, so Annika Berndtsen (2012) in ihrer neuesten Studie zum Medium Bilderbuch, werden durch Vorlesen und Zeigen an das Konzept ›Buch‹ herangeführt, erfassen visuelle Codes und erweitern ihren Wortschatz, später lernen sie auch die Prinzipien der Narration kennen. Kenntnisse über literarische Formen und Funktionen (wie Metaphern, Komik, Fiktion) werden schon bei Vorschulkindern nachgewiesen und von ihnen spielerisch angewandt, indem sie selbst Geschichten erfinden.« (197)

Literacy umfasst das gesamte Fähigkeitsspektrum zum Dekodieren von Zeichen, die Lesekompetenz ebenso wie die Bildlesekompetenz. Auch ein genaues Lesen von Bildern bedarf der Übung. Berndtsen (2021) führt aus: »Der entscheidende Schritt von der Wahrnehmung dessen, was abgebildet ist, zum Verstehen und Empfinden von dem, was metaphorisch ausgedrückt wird – Stimmungen, Ideen, abstrakte Vorstellungen – kann auch von Kindern nachempfunden werden. Wenn Kindern gezeigt wird, wie Linien, Farben und Formen Gefühle und Ideen ausdrücken können, eröffnet sich ihnen die Ebene jenseits dessen, was sichtbar abgebildet ist.« (206)

Das Text- und Bildwissen, das sich Kinder im Umgang mit Bilderbüchern aneignen, lässt sich auch auf andere visuelle Medien übertragen. (Kurwinkel 2017, 181)

Die Möglichkeit, Literacy in einem umfassenden Sinne aufbauen zu können, steht und fällt jedoch mit der Art und Weise, wie kompetente Erwachsene in Familie, Kindertageseinrichtung und Schule ihre Vermittlungsrolle wahrnehmen.

5.3. Dialogisches Mit-Erzählen

Ein Kernelement der Vermittlung von Literacy über ein Bilderbuch stellt das dialogische Mit-Erzählen dar. Fachkräfte in Bildungsinstitutionen sollten sich diese pädagogische Vermittlungskompetenz bereits in der Ausbildung bzw. Hochschulbildung aneignen und sie auch an Eltern und Angehörige der Kinder weitergeben.

Die 6 Prinzipien

entwickelt von Jochen Hering (2016), Lehrer und Professor für Literatur- und Mediendidaktik:

- »Such dir nur Bücher aus, von denen du selbst begeistert bist.«
- »Knüpfe an den Fähigkeiten des Kindes an. Lass das Kind erfolgreich miterzählen.«
- »Gehe auf Äußerungen, Interessen und Fragen des Kindes ein.«
- »Gib dem Kind beiläufig die Hilfe, die es braucht.«
- »Ermuntere das Kind in seinem Tun, beim genauen Hinschauen, beim Nachdenken.«
- »Freu dich über Fragen und Kommentare und zeig das!«

5.4. Techniken »stützender Sprache«

Folgende Techniken »stützender Sprache« (193) empfiehlt Hering (2016), welche die vorlesende Person im dialogischen Mit-Erzählen anwenden kann:

- Die Technik der Ergänzung: Hier können Lücken im Satz offengelassen werden, damit das Kind ein Wort ergänzen kann.
- Die Technik der Erinnerung: Hier unterstützen Fragen das Kind, sich an ein Detail der Geschichte zu erinnern.
- Die Technik der differenzierten Wahrnehmung: Impulse und Fragen zu Bilddetails einbringen fördert die Visual Literacy.
- Die Technik der offenen Fragen: Das Kind wird darin bestärkt, die eigenen Gedanken zur Geschichte mitzuteilen.
- Die Technik der W-Fragen: Was-, Wo-, Warum-Fragen geben Raum zum Austausch.
- Die Technik der Verknüpfung: Hier kann nach Anknüpfungspunkten zwischen der Geschichte und den Alltagserfahrungen der Kinder gesucht werden.
- Die Technik des Feedbacks: Richtiges kann durch Zustimmung positiv verstärkt und auf Fehler kann mit korrektivem Feedback eingegangen werden.
- Die Technik der Erweiterung: Äußerungen der Kinder werden aufgegriffen und durch Zusatzinformationen ergänzt.
- Die Technik der Wiederholung: Das Kind wird angeregt, neue Worte zu wiederholen und zu festigen.

Einige dieser Techniken finden sich im folgenden Dialog wieder. In einer Kindertagesstätte berichtet Cemal, unterstützt von einem Erzieher, anderen Kindern im Lesezirkel von einem Bilderbuch, das er sich selbst ausgesucht hat. In diesem Bilderbuch spielt ein roter Regenschirm eine wichtige Rolle. Cemals Zweitsprache ist Deutsch:

»C (Cemal): ... Ich hab mir ein Buch – nein – ein Buch ausgeliehen. Diese Buch hier ... Ich hab das Regenschirm.

E (Erzieher): Ah, den Regenschirm hast du dir ausgeliehen. Und was passiert da?

C: Da fliegt der mit Regenschirm da in oben.

E: Wer fliegt denn nach oben mit dem Regenschirm?

C: Diese Hund.

E: Ein Hund, okay. Ein Hund fliegt mit dem Regenschirm nach oben. Und was passiert dann? ...« (Hering 2016, 31)

Kinder zeigen, so Hering (2016, 93 ff.) in Situationen der Bilderbuchbetrachtung unterschiedliche Fähigkeiten, Text und Bild zu dekodieren:

- Isoliert: So gelingt es Kindern, einzelne Beobachtungen und Textelemente wiederzugeben. Diese werden isoliert nebeneinandergestellt.
- Linear: Andere Kinder stellen die Einzelbeobachtungen und Textelemente zu einer Reihung zusammen.
- Strukturiert: Hier gelingt Kindern ebenfalls eine Aneinanderreihung von einzelnen Beobachtungen und Textelementen. Dabei geben sie zu erkennen, dass sie den Kern einer Geschichte ausmachen konnten. Das Kind kann emotionale Bewertungen vornehmen.
- Narrativ strukturiert: Das Kind kann Beobachtungen und Textelemente zu einer Erzählung formen. Es gelingt dem Kind Spannung zu erzeugen, die Ereignisfolge zu unterbrechen, mit eigenen Fragen und Gedanken anzureichern und dann fortzusetzen. Das Kind kann innere Gefühle und Motive der Figuren in der Geschichte wiedergeben.

Diese Fähigkeiten scheinen stufenförmig aufeinander aufzubauen. Klare Altersangaben zu den Stufen lassen sich allerdings nicht nachweisen. Die 4. Stufe kann schon bei Kindergartenkindern aufgebaut sein. Mehrheitlich prägt sie sich jedoch erst bis zum Ende der Grundschule aus.

Der dreieinhalbjährige Colin erzählt diese Geschichte auf der 4. Erzählstufe: »Es war einmal ein Bär. Er aß Honig und Gelee. Und da war eine Nachbartür – ein großes neidisches Pferd und das nahm seinen ganzen Honig und Gelee weg. Und da versteckte er es. Das Pferd kam und fragte: ›Hast du noch Honig und Gelee?‹ und der Bär sagte: ›Nein.‹ Aber in Wirklichkeit hatte er welchen. Er wollte nicht, dass das neidische Pferd das wusste ...« (95)

Insofern sollte dieses Modell der Erzählstufen auch nicht zu einer Auf- oder Abwertung der Erzählleistung von Kindern führen und auch nicht zur Festlegung auf klassisch gebaute Erzählungen nach dem Muster ›Einleitung–Höhepunkt–-Ausleitung‹ verleiten. Hering (2016) mahnt zurecht einen vorsichtigen Umgang mit dem Modell an: »Erzählstufen sind ein erster sinnvoller Zugriff, um vorsichtig den Erzählstand zu beschreiben, auf dem Kinder sich im Kontext einer bestimmten Situation und einer spezifischen Herausforderung befinden.« (98)

Bilderbuchforschung zum Bereich Förderung von Literacy zeigt sehr interessante Aspekte auf. Tabea Becker (2019), Professorin für Didaktik der deutschen Sprache gibt mit entsprechenden Literaturhinweisen einen aufschlussreichen Einblick in den derzeitigen Forschungsstand:

Das Gros der Forschung bezieht sich darauf, »in welcher Weise das Bilderbuch die schriftsprachlichen Fähigkeiten im weitesten Sinne befördert. Auf sprachlicher Ebene kann Forschung aufzeigen, dass sich Vorlesen allgemein auf die sprachliche Ausdrucksfähigkeit positiv auswirkt. Dies ist insbesondere der Fall, wenn das Vorlesen vor dem zweiten Geburtstag beginnt. Die Situation des Vorlesens weist sprachliche Besonderheiten auf, beispielsweise indem, anders als in Alltagssituationen üblich, besonders deutlich gesprochen wird. Dies erleichtert dem Kind ein genaues Hinhören auf Laute und fördert somit die phonologische Bewusstheit. Auch wird beim Vorlesen differenzierter artikuliert. So kann das Kind die Wortformen besser aufnehmen. Aus ›Wass'n das?‹ wird ›Was ist denn das?‹. Auch werden in Bilderbuchtexten Zeitformen differenzierter verwendet als in der Alltagssprache. So wird die Vergangenheitsform, das Präteritum, eingesetzt. Während es im Alltag ›Wir haben's gesehen‹ heißt es im Bilderbuch ›Wir sahen es‹. Ferner bieten Bilderbücher eine Ausweitung des lexikalischen Bereichs. Das Kind lernt, dass man etwas ›sagen‹ kann, man kann aber auch etwas ›erwidern‹, ›entgegnen‹ oder auch ›bekräftigen‹. Beim Vorlesen wird bereits die Buchstabenfunktion deutlich: »Beim Lesen eines Bilderbuches kann das Kind erkennen, dass graphische Zeichen sprechbar sind, und zwar auf eine sehr streng fixierte Weise. Es hat die Möglichkeit, sich zu erschließen, dass zwischen den graphischen Zeichen, den Buchstaben, und der gesprochenen Sprache, den Lauten, eine Beziehung besteht.« (169)

In Forschungen konnte ein signifikanter Zusammenhang zwischen der schulischen Deutschnote und der Vorlesehäufigkeit ermittelt werden. Bilderbuchlesen fördert das literale Wissen auf vielfältige Weise und zeigt positive Effekte im Hinblick auf die schulische Leistung insgesamt. Vorlesen kann kompensatorisch wirken: »In Interventionsstudien, bei denen im schulischen Kontext durch die Lehrpersonen vorgelesen wurde, konnte noch selbst bei Achtklässlern noch ein hochsignifikanter Zuwachs der Lesefähigkeit gemessen werden, und zwar besonders dann, wenn die Lehrkraft im Vorlesen geschult wurde und eine Anschlusskommunikation erfolgte. ... Ebenso besteht ein deutlicher Zusammenhang zwischen der Lesehäufigkeit und der Freude am Lesen ..., vor allem dann, wenn die Mutter nur einfache Bildung besitzt und wenn mehrmals pro Woche vorgelesen wird.« (161) Ferner belegen Studien: »Beim Bilderbuchlesen lernt das Kind, die Bilder des Buches mit dem Text zu verbinden. Diese visuellen und sprachlichen Informationen kann es dann zu einer mentalen Textwelt zusammenfügen.« (162) Ferner wird in Studien deutlich, dass Bilderbuchlesen psychosoziale Aspekte positiv beeinflussen kann. Hier erweist sich das analoge Vorlesen digitalen Formaten, selbst wenn sie interaktiv angelegt als überlegen, so beispielsweise bei der Wortschatzerweiterung. Becker bietet hierfür als Erklärung: »Mit der Situation der geteilten Aufmerksamkeit geht geteiltes emotionales und kognitives Erleben einher. Erwachsener und Kind ›erleben‹ gemeinsam das, was im Bilderbuch passiert.« Sie resümiert: »Dass das gemeinsame Lesen das Sozialverhalten, das Klassenklima und die Arbeitsatmosphäre positiv beeinflusst, belegen auch verschiedene Interventionsstudien ...; dies gilt selbst jenseits des Grundschulalters.« (163)

Nach Einschätzung von Kurwinkel (2017, 179 f.) ist seit den 1970er Jahren das Interesse am Bilderbuch insbesondere im Grundschulbereich stetig gewachsen, hat sich ausdifferenziert und auf weitere Bereiche verlagert. Es gilt nach wie vor als »Brückenliteratur« (180) zum Aufbau von Lesekompetenz, zielt aber mittlerweile viel umfassender »auf den Erwerb von *literarischer Kompetenz* als Fähigkeit zur Erschließung, Einordnung, Bewertung und kommunikativen Verarbeitung ab« (180). Mittlerweile wird dem Bilderbuch auch im Fremdsprachen- und im Kunstunterricht für höhere Klassenstufen ein Platz eingeräumt.

Gerade am stehenden Bild des Bilderbuches können Lernende Visual Literacy aufbauen, indem sie sich mit Bildinhalten kritisch auseinandersetzen, sie interaktiv nutzen und zu einer begründeten Reflexion gelangen. Diese Fähigkeit lässt sich auf andere visuell dominierte Medien übertragen. (Kurwinkel 2017, 181 f.)

Die Pädagoginnen Tania Kraft und Ann-Kristin Müller (2019) nehmen im Rahmen der integrativen Deutschdidaktik und dem jahrgangsübergreifenden Lernen in der Schuleingangsphase in der Verwendung von Bilderbüchern großes Potential wahr: »Die Tatsache, dass Schulanfänger in der Regel noch nicht schreiben und lesen können, erfordert von der Lehrperson diesbezüglich die Bereitstellung vielfältiger Sprech- und Erzählanlässe. Bilderbücher bieten aufgrund ihrer Text-Bild-Korrespondenzen und Interferenzen einen hohen Aufforderungscharakter und regen zum situationsangemessenen Fragen, Benennen, Beschreiben, Erzählen und stellungnehmenden Kommentieren an« (141)

Kraft/Müller (2019, 142) geben Hinweise, wie im schulischen Kontext mit Bilderbüchern »Sprech- und Erzählanlässe« geschaffen werden können. Diese Hinweise sind gut geeignet, die Techniken des dialogischen Mit-Erzählens für den schulischen Kontext auszudifferenzieren und zu ergänzen.

5.5. Gesprächsimpulse fördern die Erzählkompetenz von Kindern

Kraft/Müller (2019, 142) schlagen folgende Gesprächsimpulse zur »Förderung von Erzählkompetenz« mit Bilderbüchern vor:

- »Sprechen oder Spielen über Sichtbares und Nichtsichtbares«: Dabei geht es darum, dass die Schüler*innen auf dem Bild Sichtbares benennen und es geht auch darum, dass sie Vermutungen anstellen können über das, was sich nicht direkt im Bild zeigt, aber zur Geschichte dazugehören könnte.
- »Weiterspinnen des Geschichtsverlaufs«: Hier können Schüler*innen Ereignisse im Buch schildern und sich danach verschiedene Verläufe ausdenken.
- »Erfinden von Fortsetzungen«: Hier kann die Geschichte von den Schüler*innen als Ganzes aufgegriffen und weiterentwickelt werden.
- »Deutung von (Handlungs-) Motivationen«: Hier können die Schüler*innen überlegen, was die Protagonisten und Protagonistinnen in der

Geschichte in ihrem Handeln motiviert und vorantreibt.
- »Deutung von Gefühlslagen«: Hier können die Schüler*innen versuchen, die Emotionen der Protagonisten und Protagonistinnen in der Geschichte zu erfassen und einen Bezug zur eigenen Erfahrungswelt herstellen.

Kraft/Müller (2019) resümieren: »Die mündliche Begegnung mit Literatur fördert demzufolge grundlegende Erzählkompetenzen und trägt darüber hinaus zum Erwerb von literarischen Kompetenzen bei, indem Kinder in eine fiktionale Welt treten und transferierend Bezüge zu ihrer eigenen Lebenswelt herstellen. Diese Kompetenz ermöglicht es den Lernenden nicht nur ihre Entwicklung von Textverstehens- und Lesekompetenz voranzutreiben, sondern sie legt auch eine zu entwickelnde schriftliche Kompetenz zugrunde« (142).

5.6. Erstschreiben und Erstlesen durch Übungen mit Bilderbüchern unterstützen

Nach Kraft/Müller (2019, 142 ff.) können Bilderbücher auch das Erstschreiben und Erstlesen im Primarbereich fördern. Hierfür schlagen sie vor, das Bilderbuch einzusetzen für:

Übungen zur Laut-Buchstaben-Zuordnung:
- Visuell orientierte Übungen
- Lautorientierte Übungen
- Formorientierte Übungen
- Schreibmotorische Übungen
- Erste weiterführende Schreibübungen

Übungen auf der Wort-Satz-Text-Ebene
- Namen zu einem Bild verschriften
- Wörter zu einem Bild verschriften
- Sätze zu einem Bild verschriften
- Und-dann-Geschichten formulieren
- Eine strukturierte Minimalgeschichte ausformulieren (durch Einfügen von Sprechblasen in Bilder oder das Erstellen von Bildunterschriften)
- Einen stilistisch ausgebauten Text verfassen (Textsegmente mit eigenen Erfahrungen oder Überlegungen in Beziehung setzen im Sinne eines Erfahrungstransfers oder Textsegmente aus der Perspektive einer anderen Figur in der Geschichte erzählen im Sinne eines Perspektivwechsels)

Übungen zum Erstlesen
- Wortlesen
- Satzlesen
- Textlesen
- Sprache und Sprachgebrauch untersuchen

5.7. Nachdenk-Gespräche mit Kindern führen

Wenn Kinder über Gott nachdenken, macht sie dies noch nicht im vollumfänglichen Sinne zu Theolog*innen und wenn Kinder über die Welt nachdenken, macht sie dies noch nicht im vollumfänglichen Sinne zu Philosoph*innen. Da ist dem Theologen Richard F. Kitchener (2020) und dem Entwicklungspsychologen Markus Paulus (2020) zuzustimmen.

Früh jedoch entwickeln Kinder in ihrem konkreten Handeln Vorläuferfertigkeiten. Sie sind nicht nur in der Welt, sondern sie sind zunehmend befähigt, sich reflexiv zur Welt zu verhalten. Den Verfasser*innen des Klassikers der Entwicklungspsychologie Robert Siegler, Judy DeLoache und Nancy Eisenberg (2005) zufolge unterscheiden bereits Kleinkinder zwischen belebt und unbelebt, entwickeln ein erstes psychologisches Verständnis, indem sie anderen Menschen Absichten zugestehen, sie entwickeln früh Ideen zu unsichtbaren Prozessen wie Wachstum, Krankheit und Genesung, zeigen zunehmend Verständnis für abstrakte Phänomene von Raum, Zeit und Kausalität. (355 ff.)

Der Hirnforscher Manfred Spitzer (2002) verortet die Speicherung von Merkmalen im temporalen Kortex, die Speicherung von Regeln im frontalen Kortex und weist auf das dynamische Zusammenspiel beider Gehirnregionen im Lebenslauf hin, damit Merkmale und Regeln miteinander verknüpft werden können. (90 ff.)

Dieser Vorgang des Lernens, Merkmale Regeln zuzuordnen, erstreckt sich über die gesamte Lebensspanne. Kinder bewältigen die Herausforderung, Regelhaftigkeiten von Merkmalen zu erfassen, sukzessive. Paulus (2020) führt hierzu aus: »Um ein konkretes Beispiel für die Aufgaben zur verbalen Analogiebildung zu geben: Stuhl verhält sich zu Möbel wie Hund zu …? Hierbei konnten die Teilnehmer aus fünf Optionen auswählen: Auto, Tier, Spaniel, Tisch, Hundehaus. Die richtige Lösung ist natürlich Tier als übergeordneter Gattungsbegriff. Je jünger die Kinder waren, desto häufiger antworteten sie aufgrund individueller assoziativer Verknüpfungen, d. h. im o. g. Beispiel könnten sie mit Auto antworten, da ihr Hund häufig im Auto mitfährt. Bis zum Alter von 11 bis 12 Jahren haben Kinder Schwierigkeiten beim Bilden von Analogien.« (82)

Die zunehmende Fähigkeit von Kindern zur Generierung von Regeln fasziniert. Wenn nun Kinder im Alltag von Anfang an erfahren, dass ihre Menschenwürde geachtet und sie über demokratische Prozedere einbezogen sind, dann prägen sie auch hierzu Regeln aus, die gut geeignet sind, Vorurteile zu reflektieren. Hierin liegt die große Chance für ein Philosophieren und Theologisieren mit Kindern. Die Philosophieprofessorin Barbara Weber (2013) arbeitet in ihrer Studie heraus, wie nahe die Sprechsituation beim fairen, Gleichwürdigkeit achtenden Philosophieren mit Kindern dem demokratischen Diskursmodell des Philosophen Jürgen Habermas kommt. Weber (2013) hebt am Ende ihrer Untersuchung das demokratische Potential einer Didaktik des Philosophierens mit Kindern in Kindertageseinrichtungen und in der Schule deutlich hervor: »Die frühe Kultivierung einer solchen Diskurssituation, in welcher die Differenzen nicht als Bedrohung, sondern notwendige Ergänzung des eigenen Bildes gesehen werden, ist Voraussetzung dafür, dass Menschen auch später in sozialen Situationen eine solche Auseinandersetzung suchen und sich hierdurch nicht in ihrer Identität bedroht, sondern gefördert fühlen.« (235)

Wenn also an dieser Stelle eingeladen wird zum Philosophieren und zum Theologisieren anhand eines Bilderbuches oder, wie es auch bezeichnet werden kann, zu Nachdenk-Gesprächen, dann soll es nicht darum gehen, Kindern Erwachsenenvorstellungen aufzuzwingen. Die Methoden des Philosophierens mit Kindern eigenen sich besonders gut dazu, mit Kindern ins Gespräch zu kommen, zu dem, was sie aufgrund ihrer Alltagserfahrung bewegt. Im Vorgang des Philosophierens und Theologisierens erleben die Kinder ganz konkret ein demokratisches Verfahren.

5.8. Gesprächsregeln für das Philosophieren und Diskutieren mit Kindern

Folgende Gesprächsregeln werden von der Erziehungswissenschaftlerin Kerstin Michalik und dem Erziehungswissenschaftler Helmut Schreier (2017, 103) empfohlen:

- »Alle Meinungen sind wichtig, und niemand wird ausgelacht.«
- »Es spricht immer nur ein Kind zur Zeit, und jedem Kind wird zugehört.«
- »Jeder hat das Recht, ungestört auszusprechen.«

Die pädagogische Fachkraft bzw. Lehrkraft moderiert das Gespräch. Letztlich geht es beim Philosophieren, Theologisieren oder in Nachdenk-Gesprächen darum, in einem demokratischen Rahmen zu lernen, über eine persönliche Meinung hinaus zu intersubjektiv nachvollziehbaren Argumenten zu gelangen und es geht darum, andere Meinungen bzw. Argumente zu erfahren, die das eigenen Denken und Fühlen ausdifferenzieren können.

Wichtig ist insbesondere, offene Fragen zu stellen:

Hierbei können sich die Pädagog*innen beispielsweise aus der »Werkzeugkiste für schlaue Denker« – und schlaue Denkerinnen – bedienen. Diese offenen Fragen nach der Erziehungswissenschaftlerin Doris Dauerer (2017, 53), die sich auf den hawaiianischen Pionier der Kinderphilosophie Thomas E. Jackson bezieht, bieten erste Möglichkeiten, mit den Kindern ins Gespräch zu kommen:

- »Was meinst du damit …?«
- »Grund«
- »Annahme«
- »Folgerung«
- »Stimmt das?«
- »Beispiel«
- »Gegenbeispiel«

Das Team Michalik/Schreier (2017) listet weitere »Impulse, die das Miteinander des Gesprächs anregen« (107) und »Impulse zur Intensivierung der inhaltlichen Auseinandersetzung« (107) für den Schulbereich auf, die sich jedoch im Prinzip auch auf den Elementarbereich übertragen lassen. An fünf Kompetenzen der Gesprächsführung sollten Moderator und Moderatorin von »Nachdenk-Gesprächen« arbeiten:

- »Ich kann mich selbst aktiv an Gesprächen beteiligen und anderen aktiv zuhören. Ich kann mich auf Gesprächsbeiträge anderer Teilnehmer beziehen. Ich beherrsche verschiedene Ansätze der Gesprächsführung (Nachdenk-Gespräche, Pro- und Contra-Debatten usw.)« ...
- »Ich kann das Interesse einzelner Kinder für Nachdenk-Gespräche wecken, indem ich Fragen, Interessen, Probleme und Erfahrungen der Kinder aufgreife und zum Thema des Nachdenkens mache. Ich kann Kindern in kleinen Gruppen grundlegende Gesprächsregeln vermitteln.« ...
- »Ich kann verschiedene Materialien und Medien als Anregung/Impuls für Nachdenk-Gespräche auswählen und in kleineren Gruppen von Kindern situationsgerecht und effektiv einsetzen. Ich kann Gespräche der Kinder analysieren und kritisch reflektieren (auf der Basis von Tonbandaufzeichnungen). Ich kann Verlauf und Ergebnis von Gesprächen mit den Kindern reflektieren.« ...
- Ich kann regelmäßig Gespräche für den Unterricht vorbereiten und hierzu das Vorwissen, Fragen, Interessen und Probleme der Kinder nutzen. Ich kann die räumlichen und organisatorischen Voraussetzungen für Nachdenk-Gespräche in großen Gruppen schaffen (Stuhlkreise, Sitzkreise, evtl. Teilung der Klasse oder selbständige Gespräche der Kinder in Kleingruppen). ...
- Ich kann geeignete Situationen und fruchtbare Momente für Nachdenk-Gespräche erkennen, aufgreifen und in den Unterrichtsverlauf integrieren. ...« (108 f.)

Zu ergänzen wäre hier noch ein weiterer Aspekt:

Ich kann mich als demokratische, menschenrechtsorientierte, professionelle pädagogische Fachkraft bzw. Lehrkraft in Nachdenk-Gespräche einbringen. Dabei kann ich das Hierarchiegefälle und das Wissensgefälle selbstkritisch reflektieren. Ich kann den Kindern Raum geben, ihre Gedanken und Gefühle untereinander frei auszutauschen. Undemokratische, menschenrechtswidrige Positionen, die Kinder im Sinne einer sprachlichen Versuchshandlung vorbringen, kann ich situationsangemessen durch offene weiterführende Fragen nach der Qualität des Arguments aufgreifen oder auch durch ein selbst vorgebrachtes Argument entkräften.

5.9 Theologisieren mit Kindern

Das Philosophieren über die Welt kann sich dem Theologisieren nicht verschließen. Wenn Kinder im demokratischen Diskurs über Gott und die Welt sprechen wollen, dann wäre es ein massiver Eingriff, hier Gottesvorstellungen per se auszuschließen. Der Philosoph Jürgen Habermas (2005) geht vielmehr davon aus, dass auch religiöse Argumente wahrheitsfähig sein können. Die Bedingung dafür wäre, so sein Vorschlag, dass sie sich von einer religiösen Sprache in eine säkulare Sprache übersetzen lassen. Hierfür führt er ein Beispiel an: »Die Übersetzung der Gottesebenbildlichkeit des Menschen in die gleiche unbedingt zu achtende Würde aller Menschen ist eine solche rettende Übersetzung. Sie erschließt über die Grenzen einer Religionsgemeinschaft hinaus den Gehalt biblischer Begriffe einem allgemeinen Publikum von Andersgläubigen und Ungläubigen.« (32) So stützt Habermas die These, dass Religionen und Glaubensgemeinschaften an Demokratie und Menschenrechte anschlussfähig sind, wenn eine Übersetzungsarbeit geleistet werden kann.

Der Theologe Küng weist noch einen anderen Weg, der hier weiterführend ist. Er geht in den Weltreligionen von einem gemeinsamen ethischen Kern aus. An der von ihm maßgeblich mitinitiierten Erklärung zum Weltethos von 1993 haben hochrangige Vertreter und Vertreterinnen im Parlament der Weltreligionen (2002) mitgearbeitet. Sie verpflichten sich auf Grundsätze, die eine Brücke schlagen zwischen den ethischen Grundlagen der Weltreligionen und den nicht religiös formulierten Menschenrechten der Vereinten Nationen:

- »Wir alle haben eine Verantwortung für eine bessere Weltordnung.«
- »Unser Einsatz für die Menschenrechte, für Freiheit, Gerechtigkeit, Frieden und die Bewahrung der Erde ist unbedingt geboten.«
- »Unsere sehr verschiedenen religiösen und kulturellen Traditionen dürfen uns nicht hindern, uns gemeinsam aktiv einzusetzen gegen alle Formen der Unmenschlichkeit und für mehr Menschlichkeit.«

- »Die in dieser Erklärung ausgesprochenen Prinzipien können von allen Menschen mit ethischen Überzeugungen, religiös begründet oder nicht, mitgetragen werden.«
- »Wir aber als religiöse und spirituell orientierte Menschen, die ihr Leben auf eine letzte Wirklichkeit gründen und aus ihr in Vertrauen, in Gebet oder Mediation, in Wort oder Schweigen spirituelle Kraft und Hoffnung schöpfen, haben eine ganz besondere Verpflichtung für das Wohl der gesamten Menschheit und die Sorge um den Planeten Erde. Wir halten uns nicht für besser als andere Menschen, aber wir vertrauen darauf, dass uns die uralte Weisheit der Religionen auch für die Zukunft zu weisen vermag. ...«

Aus: Parlament der Weltreligionen (2002), 173 f.

Man kann sich als Mediator und Mediatorin, wie Jürgen Habermas (2005) es mit einem Augenzwinkern im Rückgriff auf ein Diktum des Soziologen Max Weber formuliert, für einen »religiös unmusikalischen Bürger« (35) halten. Aber hier geht es im Sinne einer interkulturellen und interreligiösen Kompetenz nicht primär darum, über ein umfangreiches religiöses und interreligiöses Wissen zu verfügen, sondern eher darum, beim dialogischen Mit-Erzählen oder in Nachdenk-Gesprächen grundsätzlich diesen Brückengedanken mit aufzunehmen.

6. Seite für Seite – Bildungsimpulse für die pädagogische Arbeit mit dem Bilderbuch »Selma und Anton«

Jede Doppelseite des Bilderbuches »Selma und Anton« enthält zahlreiche Möglichkeiten, mit Kindern ins Gespräch zu kommen. Es geht um Freundschaft, um schenken und beschenkt werden, Spiel, Inklusion, Geschlechterverhältnisse, um Erfahrung von sozialer Ausgrenzung. Diese unterschiedlichen Aspekte aus der Lebenswelt von Kindern führen hin zu dem Thema, das hier für Kinder am Ende ihrer Kitazeit und zu Beginn der Grundschule aufgearbeitet wurde. Kindern wird anhand von Selmas Geschichte eine Möglichkeit eröffnet, ein erstes Verständnis dafür zu entwickeln, wie Antisemitismus funktioniert. Die negativen Folgen von Antisemitismus werden aufgezeigt. Ebenso wird aber auch ein Ausblick gegeben auf Chancen zur nachhaltigen Überwindung von Antisemitismus in einer Gesellschaft, in der man, wie es der Philosoph und Sozialwissenschaftler Theodor W. Adorno ausdrückt, »ohne Angst verschieden« sein darf.

Die Bildungsimpulse sind zur einfachen Orientierung stets nach einem einheitlichen Muster aufgebaut: Zunächst wird der Textinhalt der Doppelseite kurz erläutert. Es folgen Erläuterungen zu einzelnen Bildelementen. Ideen zum dialogischen Mit-Erzählen und Hinweise, wie man mit Kindern Nachdenk-Gespräche gestalten könnte, schließen sich an. Außerdem werden den Kindern zahlreiche Möglichkeiten geboten, ihr Wissen zu erweitern und gestalterisch tätig zu werden.

- Doppelseite
- Inhalt
- Bildelemente
- Dialogisches Mit-Erzählen
- Nachdenk-Gespräch (Philosophieren und Theologisieren)
- Wissen
- Gestalten

Cover: Der soziale Hintergrund der Geschichte

Inhalt:

In der Geschichte geht es um Selma und Anton. Sie sind einander in einer tiefen Freundschaft verbunden. Als Kinder haben sie schon miteinander gespielt. Ihr Spielplatz war ein Berliner Hinterhof, ganz in der Nähe der Synagoge in der Oranienburger Straße.

Bildelemente:

Dialogisches Mit-Erzählen:

Impulsfragen:

- In dem Buch geht es um Freundschaft: Wo seht Ihr die Freunde?
- Einmal wurden die Freunde in Farbe gezeichnet und einmal in Schwarz-Weiß: Was könnte dahinterstecken? (Zeitsprung, Vergangenheit, Gegenwart, Sich-Erinnern)
- Wo leben die Kinder?
- Im Bild sieht man eine Kuppel: Wie kann man die beschreiben? (rund, golden verziert, kostbar, leuchtend, fragil)
- Im Bild kann man einen ganz kleinen Stern finden: Wo? Wieviel Zacken hat er?

Nachdenk-Gespräch (Philosophieren und Theologisieren):

Thema »Armut und Reichtum«

Impulsfragen:

- Waren Selma und Anton als Kinder arm oder reich?
- Wo wohnten sie? (In einem Hinterhof, vermutlich in einer engen Wohnung)
- Wie ist es, wenn man ein eigenes Zimmer hat? (Distanz, Platz) wie ist es, wenn man das Zimmer mit jemand anderem teilt? (Nähe, Enge)
- Kann man in einem Hinterhof gut spielen? Was kann man spielen?
- Ist es gerecht, wenn ich als Kind allein in einem Schloss wohne? (Platz haben, eine Krone tragen, Prinzessin oder Prinz sein, allein sein, teilen, bestimmen oder gemeinsam gute Entscheidungen treffen, Wohngemeinschaft, Patchworkfamilie, Platz für Familien mit Fluchterfahrung)
- Will Gott, dass manche Menschen arm sind und andere Menschen reich? (In der Hebräischen Bibel, dem Neuem Testament und dem Koran ist viel von Gerechtigkeit die Rede. Es gibt eine Gerechtigkeitsbibel (Zwick/Faix/Roller/Volke 2014) die alle Bibelstellen, in denen es um Gerechtigkeit geht, kennzeichnet. Es sind sehr viele Textstellen, in denen Menschen aufgefordert werden, Gerechtigkeit auf der Erde herzustellen.
- Sind Armut und Reichtum Schicksal? (Gerechtigkeit als Gestaltungsaufgabe)

Herausforderungen:

Das Thema »Armut und Reichtum« birgt mindestens vier Schwierigkeiten: Die erste Schwierigkeit ist die, dass Armut schöngeredet und gar romantisiert wird nach dem Motto: Arm, aber glücklich. Die zweite Schwierigkeit ist die, dass man Armut als unausweichlichen Elendsdiskurs darstellt. Die dritte Herausforderung ist die, dass man Armut als selbstverschuldet auffasst. Die vierte Schwierigkeit ist die, dass Kinder in Kita oder Schule sich vorgeführt fühlen könnten, wenn pauschalisierend über ›die Armen‹ oder ›die Reichen‹ gesprochen wird.

Chancen:

Armut und Reichtum berühren gesellschaftliche Gerechtigkeitsfragen, von denen man in einem Nachdenk-Gespräch immerhin deutlich machen kann, dass in einer Demokratie nach Gerechtigkeit gefragt und über Gerechtigkeitsvorstellungen nachgedacht werden kann. Ein Diskurs über »Armut und Reichtum« bietet die Bildungschance, Gerechtigkeit als Gestaltungsaufgabe wahrnehmen zu können.

Außerdem kann so der antisemitischen Vorstellung begegnet werden, dass ›Juden immer reich sind‹. Selmas und Antons Eltern sind keinesfalls wohlhabend.

Wissen:

Ein wichtiges Zeichen im Judentum ist der Davidsstern. David wird in der Hebräischen Bibel als bedeutender König in Israel beschrieben. Heute ist Israel eine Demokratie.

Gestalten:

- Davidstern in der Malvorlage ausmalen. Hierbei kann das Symbol individuell farblich ausgeschmückt und mit Mustern versehen werden.
- Davidsstern selber malen lernen

Davidstern ausmalen:

Israelfahne:

Davidstern als Mandala:

Doppelseite 1: Generationen

Inhalt:

Uroma Selma wartet gemeinsam mit ihrem Freund Anton, dessen Urenkel Tom und ihrer Urenkelin Miri darauf, dass ihre Geburtstagfeier beginnt. Die Feierlichkeiten kündigen sich bereits sinnlich erfahrbar an. Stühlerücken ist zu hören und das Gebäck im Ofen verbreitet sein appetitanregendes Aroma.

Bildelemente:

Dialogisches Mit-Erzählen:

Impulsfragen:

- Was ist eine Uroma?
- Was sind Urgroßeltern?
- Wisst Ihr noch den Namen der Urgroßeltern?
- Wer ist Miri und wer ist Tom?
- Selma ist die Uroma von…? Anton ist der Uropa von …?
- Wer ist mit wem befreundet?

Nachdenk-Gespräch (Philosophieren und Theologisieren):

Thema »Kinder und ältere Menschen«

Impulsfragen:

- Wer kennt ältere Menschen in seiner Umgebung? Mögt Ihr davon erzählen? (Großeltern, Urgroßeltern, Verwandte, Freunde, Bekannte, Nachbarn)
- Wie ist es, ein Kind zu sein?
- Wie ist es, ein älterer Mensch zu sein?
- Können Kinder und ältere Menschen gut miteinander auskommen oder eher nicht gut miteinander auskommen? Könnt Ihr Beispiele geben? (vorlesen, zuhören, lärmempfindlich sein ...)

Herausforderungen:

Die Schwierigkeit bei diesem Thema liegt in der Stereotypisierung von Kindheit und Alter. Kindheit als romantisches Glück oder als defizitäre Übergangsphase, Alter als Phase des Sich-Abfindens, der Einsamkeit, der Krankheit oder als Phase der glücklichen Eintracht im Schoße einer Normfamilie.

Einige Kinder werden in ihrem Umfeld keine Großeltern oder Urgroßeltern haben. Aus diesem Grund sollten die Impulsfragen nach den Erfahrungen, die Kinder mit älteren Menschen machen können, nicht vorschnell ausschließlich auf die Familie zugeschnitten werden.

Kinder können die Erfahrung äußern, dass ihre Großeltern oder Urgroßeltern verstorben sind. Es empfiehlt sich hier, das Gefühl wahrzunehmen, mit dem das Kind erzählt und zuzulassen, dass es sich hierbei um Trauer, vielleicht auch um Wut über den Verlust handeln darf, aber auch um Gleichgültigkeit oder Erleichterung.

Chancen:

Es kann im Nachdenk-Gespräch deutlich werden, wie vielfältig Erfahrungen sind zum Thema »Kinder und ältere Menschen«.

Kinder können die Erfahrung machen, auch wenn das schwierige Thema Tod aufkommen sollte, dass ihre Gefühle ernst genommen werden. Auch hier ist es hilfreich, wenn die Kinder zu diesem Thema erfahren, dass andere Kinder auf dieselbe Thematik ganz unterschiedlich reagieren. Dies bietet die Bildungschance, dass die Kinder in ihrer eigenen emotionalen Welt anerkannt werden und zugleich eine Erweiterung des eigenen Gefühlsspektrums in Bezug auf ein Thema erleben können.

Wissen:

Generationenverhältnisse: Kind/Kinder – Eltern – Großeltern – Ur-Großeltern – Ur-Ur-Großeltern: Mit dem Bilderbuch können Generationenverhaltnisse erläutert werden. Da heutige Familien bunt sind, sollte man beim Erläutern der Begriffe darauf achten, dass in der Erklarung die Vielfalt erhalten bleibt. Bei Eltern kann es sich um alleinerziehende Mütter/alleinerziehende Väter handeln, um Mutter-Vater-, Vater-Vater-, Mutter-Mutter-Konstellationen.

Das Leben feiern – Jüdische Kultgegenstände: Im Regal in Selmas Zimmer steht eine Chanukkia, der Lichterfestleuchter, an der Tür wurde eine Mesusa mit Schriftrolle darin angebracht.

Zur Chanukkia und zur Mesusa gibt es jeweils einen Informationstext auf der folgenden Seite.

Text zur Mesusa:

Jüdische Menschen bringen oft in ihren Häusern und Wohnungen am rechten Pfosten der Eingangstür ein längliches Kästchen, die Mesusa, an. Darin befindet sich eine kleine Pergamentrolle. Wenn man fortgeht oder nach Hause kommt, berührt man die Mesusa. Das ist dann immer eine kleine Erinnerung daran, dass man gern jüdisch ist, dass man gern fair und liebevoll sein möchte und als Erwachsener Kindern das Wertvolle der jüdischen Tradition weitergeben wird.

Auf der kleinen Pergamentrolle steht in hebräischen Buchstaben ein Text, mit dem man als Jude und als Jüdin von dem einen Gott sprechen lässt und verspricht, die jüdische Tradition an die nächste Generation weiterzugeben. Hier wird ein Teil davon so wiedergegeben, wie er in der Torah »Erzähl es deinen Kindern« steht: »Höre, Jisrael, der Ewige ist unser Gott, der Ewige ist einzig. Du sollst den Ewigen, deinen Gott, mit deinem ganzen Herzen und mit deiner ganzen Seele lieben: so fest du kannst. Diese Worte, die ich dir heute sage, sollen in deinem Herzen bleiben. Du sollst sie deinen Kindern weitersagen und über sie sprechen: ob du zuhause bist oder unterwegs, wenn du dich hinlegst und wenn du wieder aufstehst.« (Liss/Landthaler 2016, 48)

Text zur Chanukkia:

Die Chanukkia ist ein Leuchter mit neun Armen. Sie spielt in den Tagen des jüdischen Lichterfestes Chanukka (in der Winterzeit) eine große Rolle.

Acht Arme der Chanukkia erinnern an die Legende vom Lichtwunder. Sie berichtet von dem sogenannten »Chanukkawunder« nach der Befreiung des Volkes Israel von einem griechischen Herrscher, der die jüdische Religion unterdrücken wollte. Das war vor über zweitausend Jahren. Nach der Legende brannten die Lichter des Tempelleuchters damals mit einer kleinen Menge Öl, die nur für einen Tag gereicht hätte wie durch ein Wunder acht Tage lang.

Die neunte Kerze der Chanukkia ist die »Dienerkerze«. Sie steht in der Mitte und heißt auf Hebräisch Schamasch. Mit ihr wird an den Chanukka-Abenden kurz nach Einbruch der Dunkelheit die Kerzen angezündet und zwar an jedem Abend eine Kerze mehr. Meistens gibt es pro Familie eine große Chanukkia. In manchen Familien zündet jedes Mitglied seinen eigenen kleinen Chanukka-Leuchter an. Am ersten Abend wird mit der Dienerkerze die erste Kerze angezündet. Am zweiten Tag sind es dann schon zwei Kerzen die mit dem Schamasch angezündet werden. Erst am achten und letzten Abend brennen dann alle acht Lichter gemeinsam mit dem Schamasch. Beim Anzünden der Lichter werden Segenssprüche gesprochen, die Gott loben. Anschließend singen alle ein Lied über Israels Geschichte.

Die Lichter brennen mindestens eine halbe Stunde und werden am Fenster aufgestellt, dass sie von draußen gut zu sehen sind. Auf diese Weise sollen sie den Menschen erzählen, dass das jüdische Volk mit Gottes Hilfe gerettet wurde.

Gestalten:

Ein Fühlbuchstabenalphabet erstellen: Hierzu kann man aus Schleifpapier Fühlbuchstaben ausschneiden und auf Holzplättchen kleben. Kindern kann der Anlaut ihres Vornamens angeboten werden bzw. die Kinder finden den Anlaut, der zu ihrem Namen gehört schon selbstständig. Die Kinder mit dem gleichen Anlaut finden sich zusammen und sprechen ihren Vornamen deutlich aus, sodass man den Anlaut hören kann. Sollten Kinder Buchstabenzusätze im Anlaut aufweisen, so genannte diakritische Zeichen, dann sollten diese Buchstaben mit den entsprechenden Zeichen von vornherein auch im Bestand des Fühlbuchstabenalphabets vorhanden sein.

Schreibvorlagen:

- Den Anlaut zu den Namen (Selma, Anton, Miri, Tom) verschriftlichen
- Die Namen ausschreiben
- Den Anlaut zum eigenen Namen im Fühlbuchstabenalphabet finden
- Den eigenen Namen ausschreiben

Backen:

- Schoko-Rugelach backen (Rezept Seite 36)
- und gemeinsam genießen

Übung zum Generationenverhältnis:

Jedes Kind kann ein Foto mitbringen, auf dem es als Baby abgebildet ist: Die Kinder können so einen Eindruck gewinnen von ihrem Wachstum und von ihren Entwicklungsfortschritten.

Falls kein Babyfoto in der Familie vorhanden ist, kann das Kind ein Bild von sich malen oder eine Babyfigur kneten.

Das Foto kann man kopieren, die Selbstdarstellungen fotografieren und ausdrucken. Sie können in ein Portfolio oder ein Ich-Buch integriert werden.

Die folgenden Vorlagen regen zum Schreiben an:

Mit welchem Buchstaben beginnt der Name?

Kennst du die Namen?

Rezept für Schoko-Rugelach (ergibt ca. 45 Stück)

Dieses Rezept lädt zum gemeinsamen Genießen ein.

Schokoladen Rugelach Cookies sehen aus wie **Mini-Croissants oder Hörnchen mit Schokofüllung**. Sie schmecken soooooo lecker!

Zutaten:

Für den Keksteig:

- 225 g ganz weiche Butter
- 200 g Frischkäse Doppelrahmstufe natur, auf Zimmertemperatur
- 80 g Zucker
- 1 Prise Salz
- ungefähr 350 g Mehl

Für die Füllung:

- ungefähr 4 Esslöffel Nuss-Nougat-Creme

außerdem brauchen wir:

- 1 Ei, mit wenig Milch verquirlt
- etwas Zucker und Zimt zum Bestreuen

Zubereitung:

1. **Weiche Butter** und **Frischkäse** mit dem Handmixer cremig rühren
2. **Zucker und Salz** unterrühren
3. **Mehl** dazu geben und **nur noch mit den Händen** zu einem glatten Teig verkneten. Der Teig sollte sich zu einer Teigkugel formen lassen. Man kann noch etwas Mehl dazugeben.
4. Den zu vier Kugeln rollen, flachdrücken und **eine Stunde lang im Kühlschrank** ruhen lassen.
5. Den **Backofen auf 180°C auf Umluft** vorheizen. Ein **Backblech** einfetten oder mit Backfolie auslegen.
6. Immer nur ein Teigstück aus dem Kühlschrank holen, kreisförmig ausrollen und 1 Esslöffel Nuss-Nougat-Creme verteilen.
7. Auf jeden Teigkreis **ein Viertel des Schokoaufstrichs verteilen**, dabei am äußeren Rand circa einen Zentimeter frei lassen.
8. Den Teigkreis in 12–16 Stücke schneiden, zu Hörnchen formen und backen.

(Fotos: A. Wegener)

9. Die Hörnchen mit dem verquirlten Ei-Milch-Gemisch bestreichen und mit Zucker und Zimt bestreuen.
10. Im Backofen ungefähr 17–19 Minuten lang backen. Aus dem Ofen nehmen, vom Blech nehmen und ganz abkühlen lassen.
11. Mit dem restlichen Teig ebenso verfahren.
12. Nach dem Auskühlen kann man die Schoko-Rugelach in einer luftdichten Keksdose aufbewahren.

Chanukkia ausmalen

HAPPY
HANUKKAH!

Doppelseite 2: Vom Schenken und Beschenkt-Werden / Emotionen kennen und erkennen

Inhalt:

Miri hat für Ur-Oma Selma ein Geschenk zum Geburtstag vorbereitet. Selma möchte zuvor ihrerseits Miri mit einem Geschenk eine Freude machen und überreicht der Ur-Enkelin ein Paket. Tom schaut interessiert zu.

Bildelemente:

Dialogisches Mit-Erzählen:

Impulsfragen:
- Welches Geschenk hat Miri für Ur-Oma Selma vorbereitet?
- Welches Geschenk überreicht Selma ihrer Ur-Enkelin Miri?

Nachdenk-Gespräch (Philosophieren und Theologisieren):

Thema: »Schenken und Beschenkt werden«
Impulsfragen:
- Was ist ein Geschenk?
- Warum macht man anderen Menschen ein Geschenk?
- Habt Ihr schon einmal etwas verschenkt? Mögt Ihr davon erzählen?
  Wie hat es sich angefühlt, etwas zu verschenken?
- Habt Ihr schon einmal ein Geschenk bekommen? Mögt Ihr davon erzählen?
- Was fühlt man, wenn man ein Geschenk bekommt?
  Was ist ein gutes Geschenk? Darf man ein Geschenk ablehnen?
- Kann man sich auch selbst ein Geschenk machen?
- Muss ein Geschenk ganz besonders groß sein? Muss ein Geschenk ganz besonders teuer sein?
- Gläubige Menschen sagen: Das Leben ist ein Geschenk. Was meint Ihr dazu?

Herausforderungen:

Zu den Herausforderungen zählt, dass die Kinder vermutlich sehr unterschiedliche Geschenkerfahrungen sammeln konnten. Hier könnte ein Überbietungswettbewerb ausgetragen werden. Offene Fragen nach der emotionalen Qualität von Geschenken können diesem Trend entgegenwirken.

Chancen:

Anhand des Bilderbuches kann gezeigt werden, dass Selma über andere Möglichkeiten verfügt als Miri, ein Geschenk zu machen. Dass aber beide Geschenke jedoch Freude bereiten.

Wissen:

Emotionen kennen und erkennen:
Welche Gefühle kennt Ihr? (Basisemotionen nach Ekmann (2011) sind:
Wut, Ekel, Verachtung, Freude, Trauer, Angst, Überraschung)

Gestalten:

Gefühlskarten ausschneiden und legen:
Vordrucke für Gefühlskarten gibt es auf den folgenden Seiten.

- Ein Kind führt eine Emotion pantomimisch oder mit den Gefühlskarten vor, die anderen raten, welches Gefühl gezeigt wurde.
- Kinder sitzen im Kreis und geben ein Gefühl mimisch weiter. Am Ende kann geraten werden, um welches Gefühl es sich handelte.

Gefühlskartenvorgabe

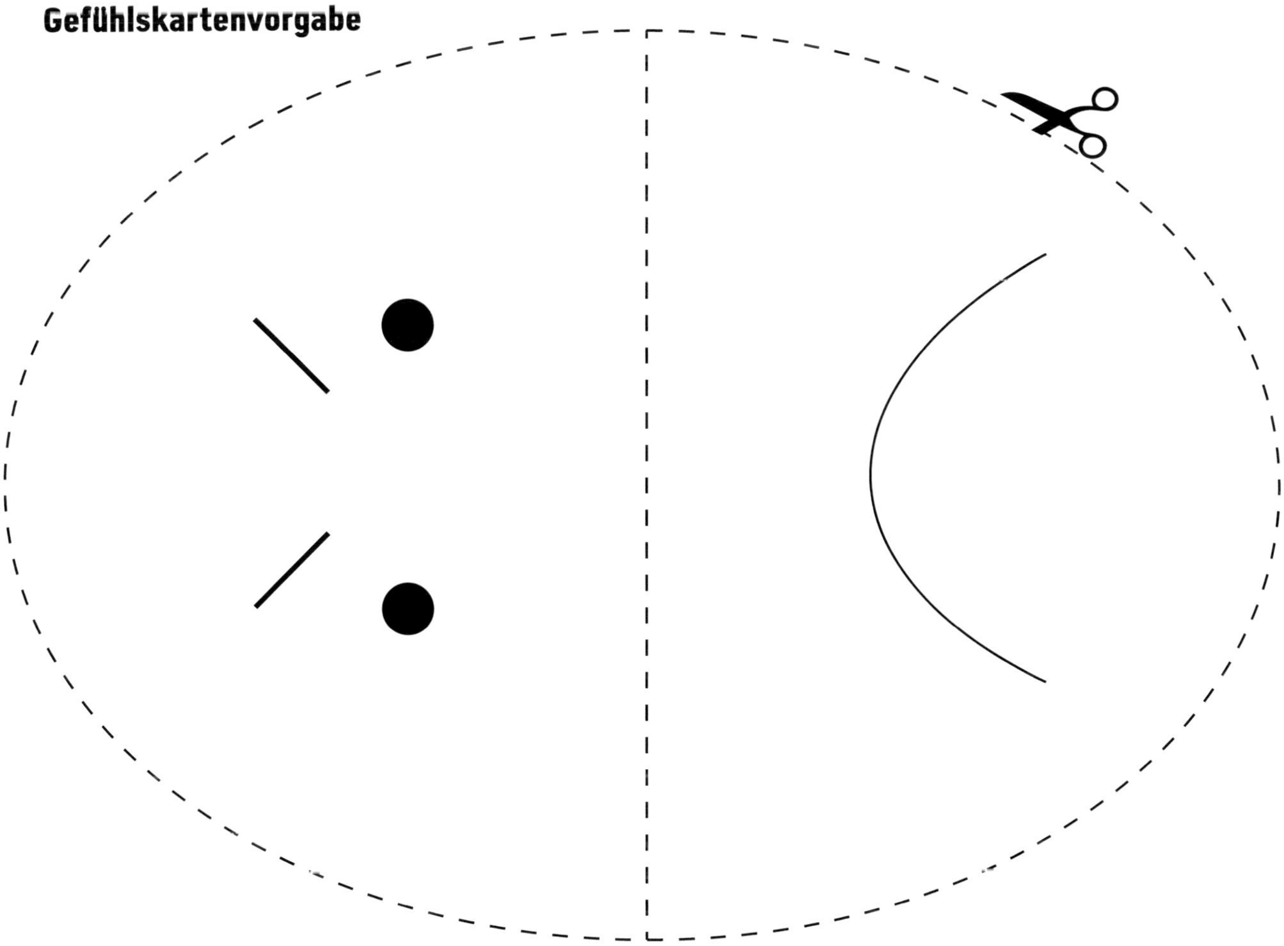

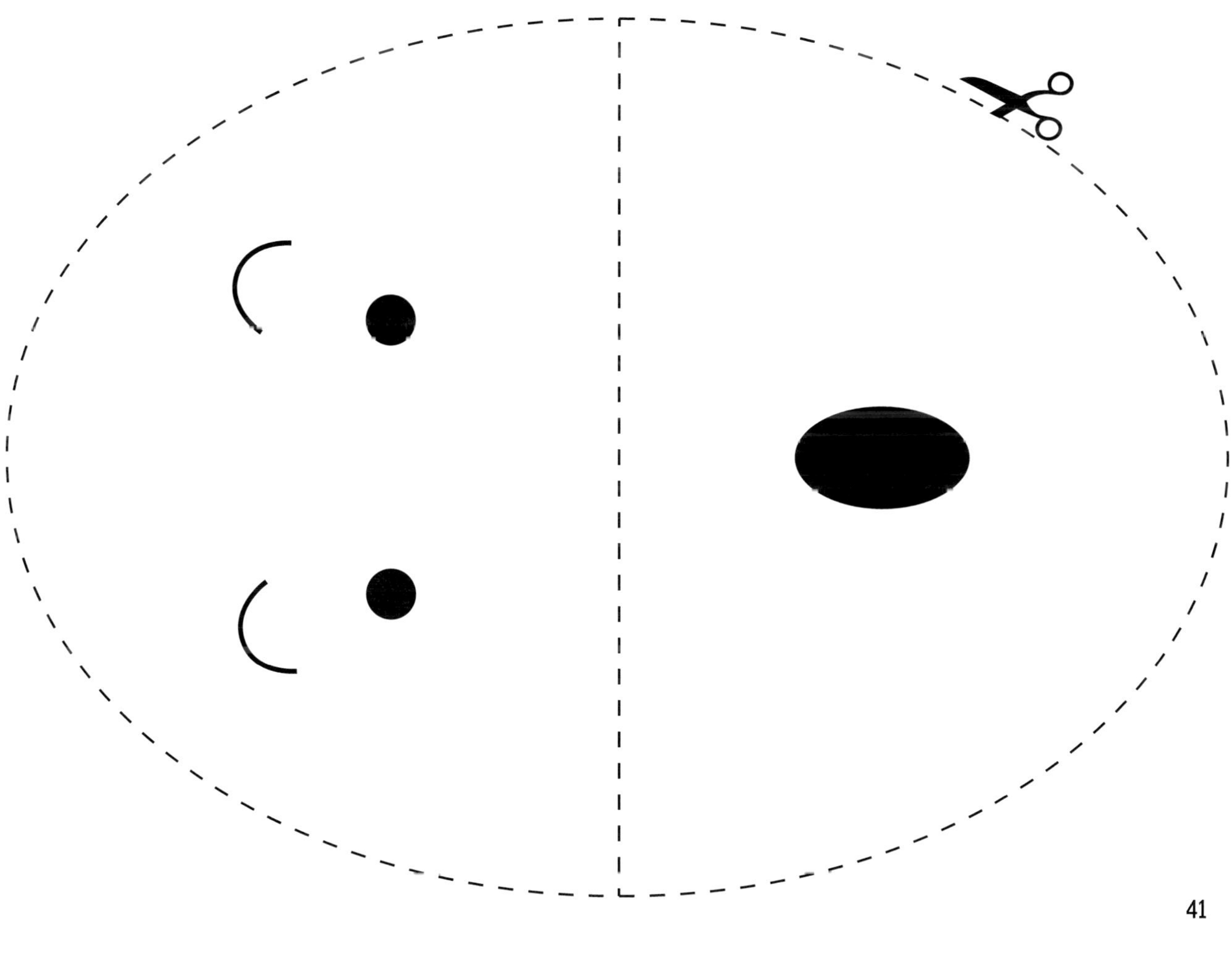

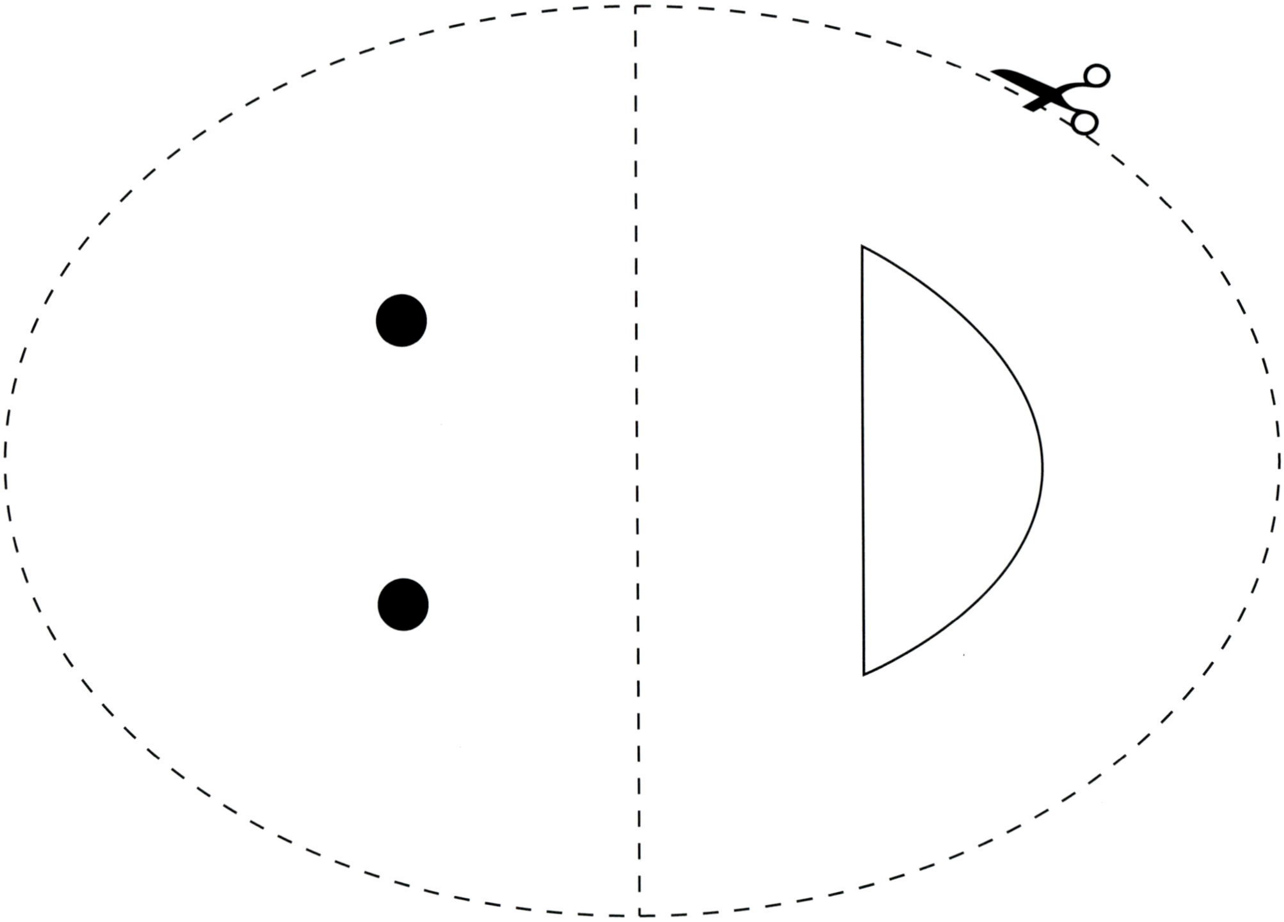

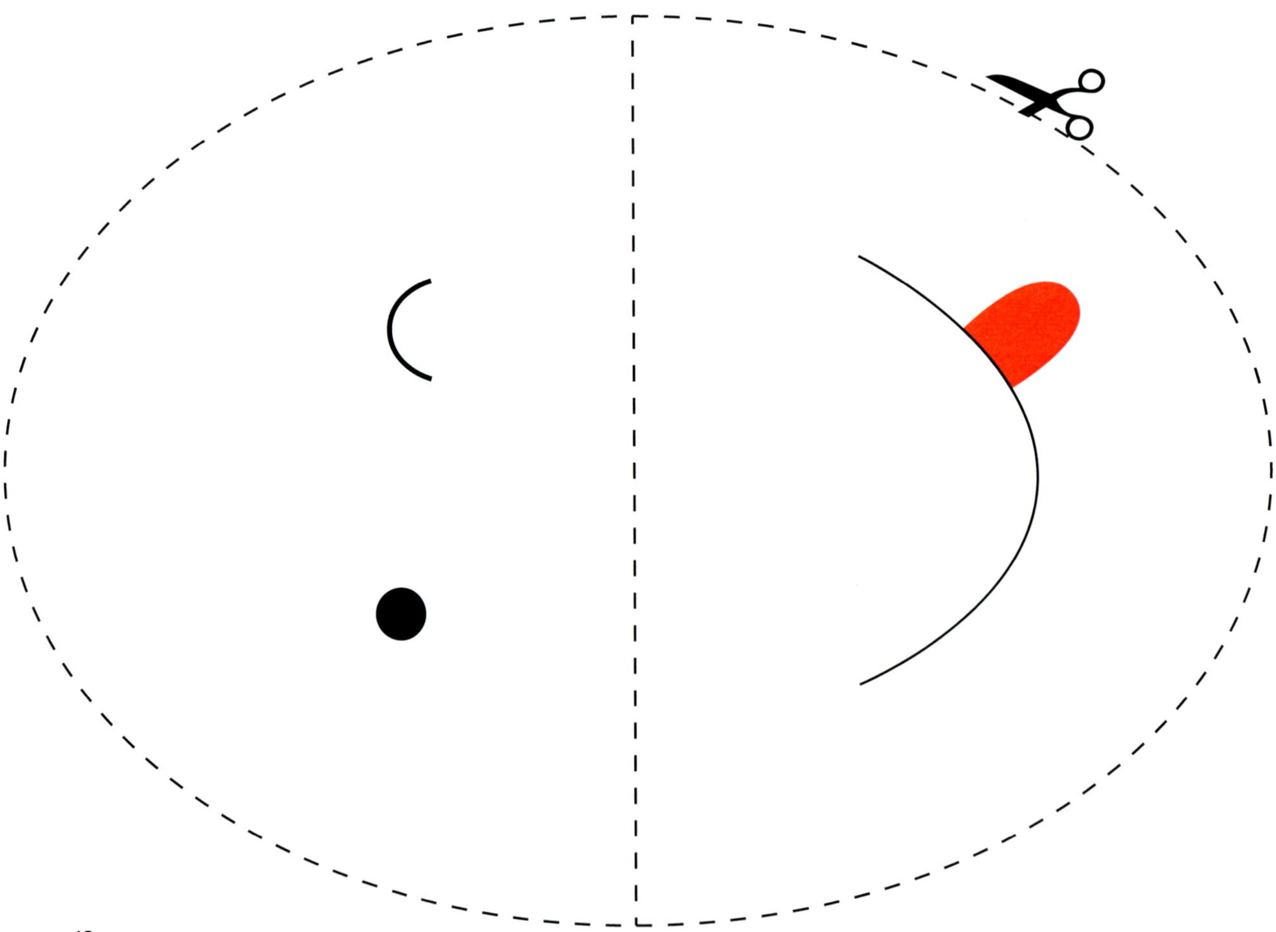

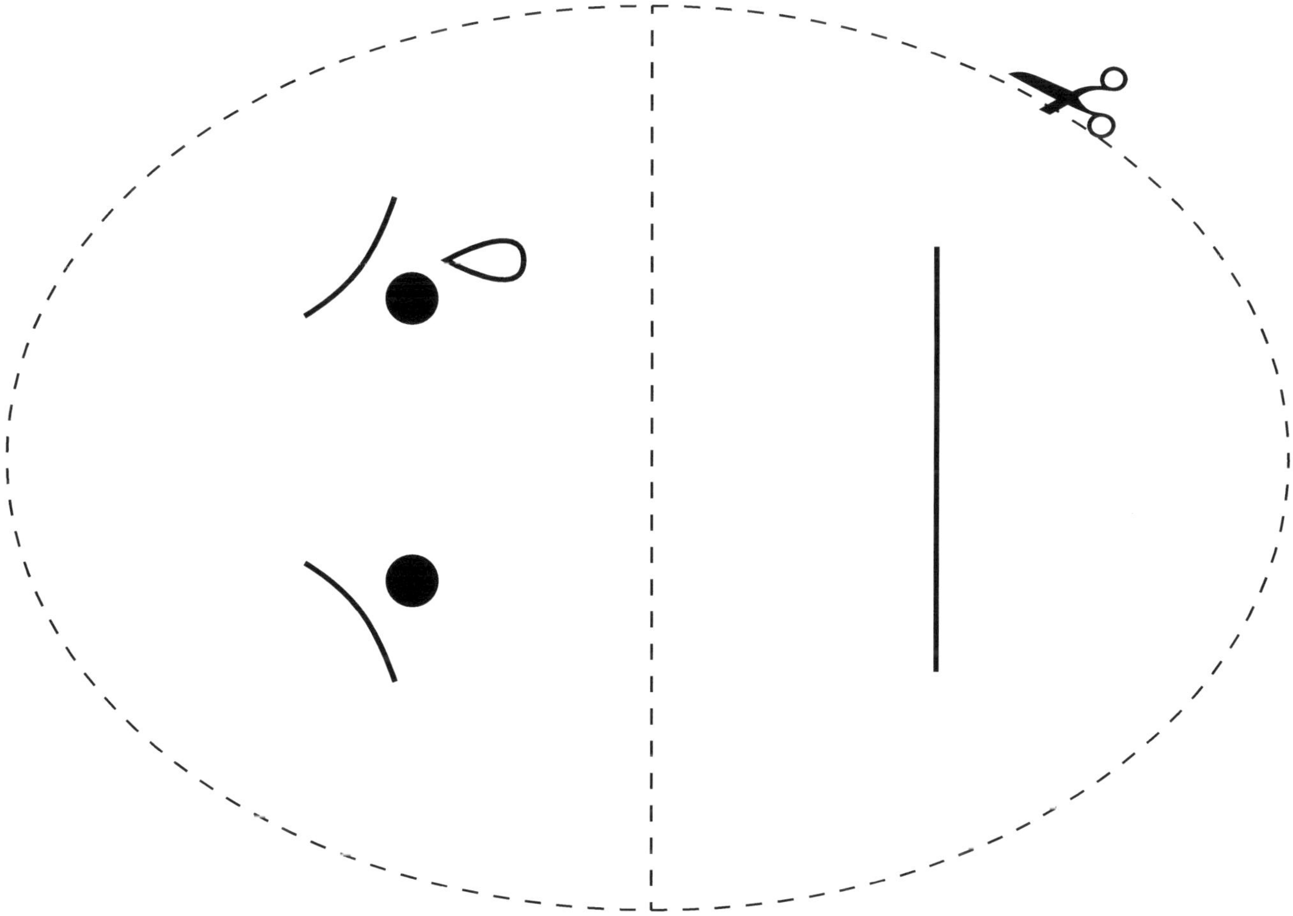

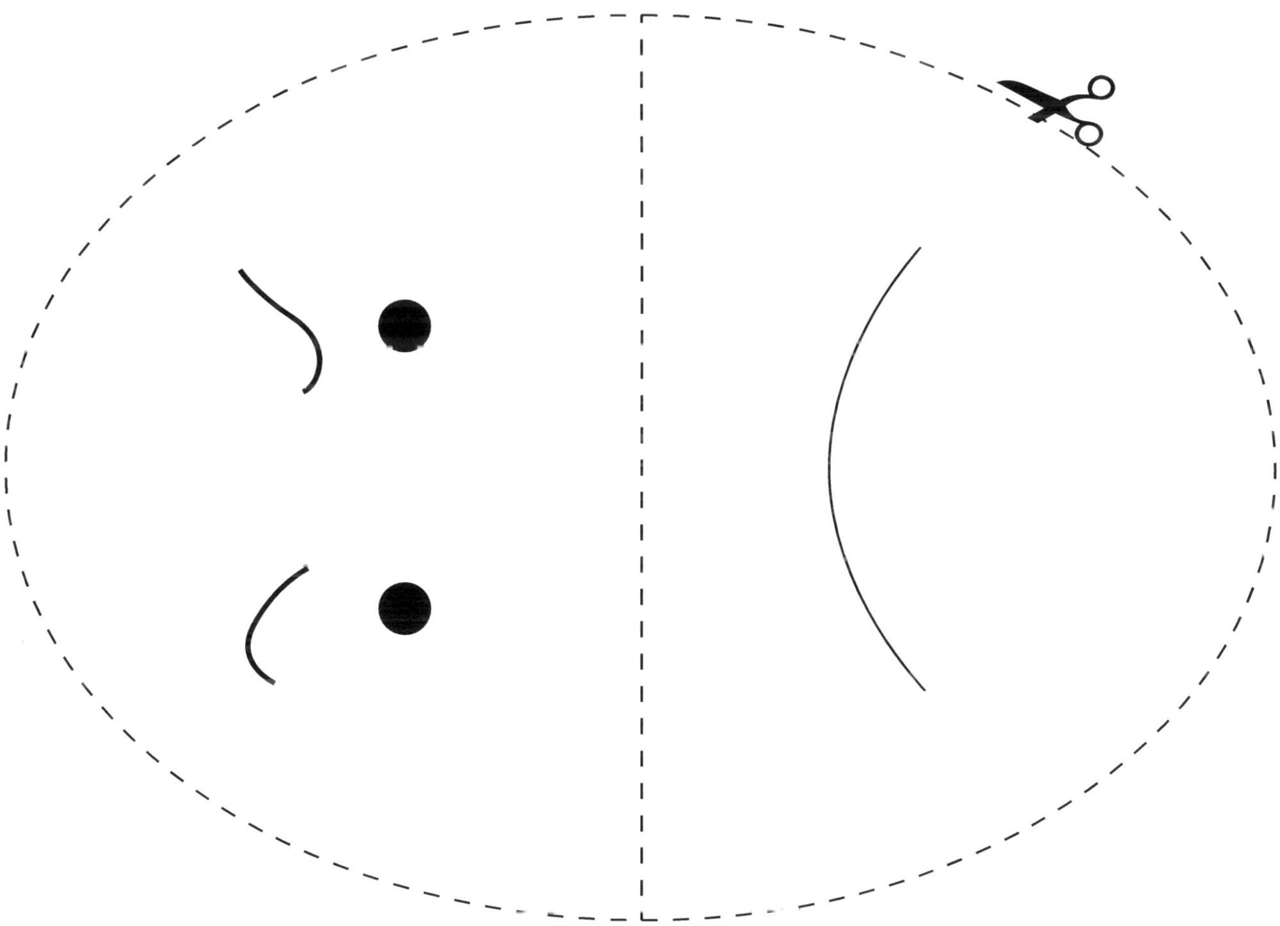

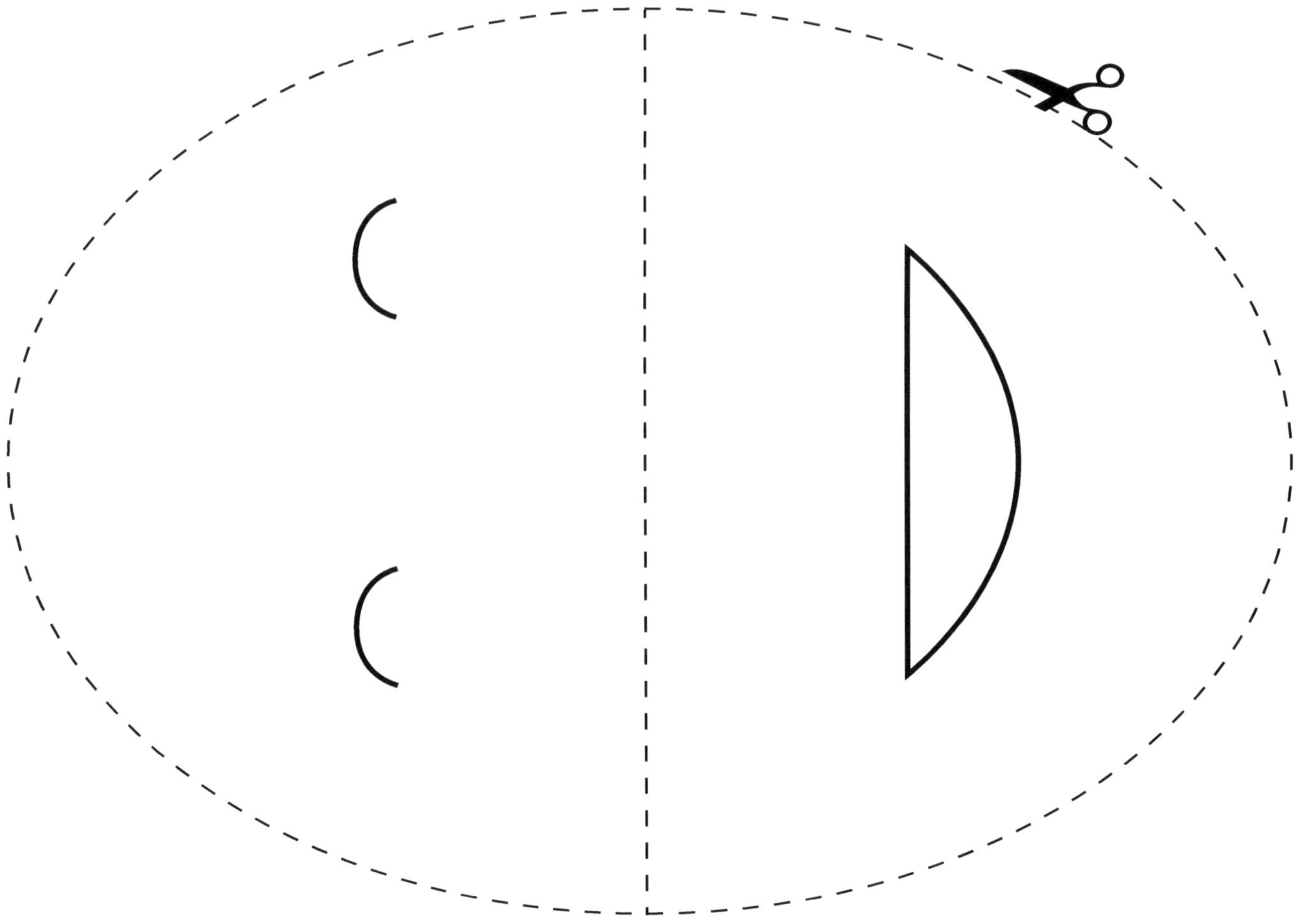

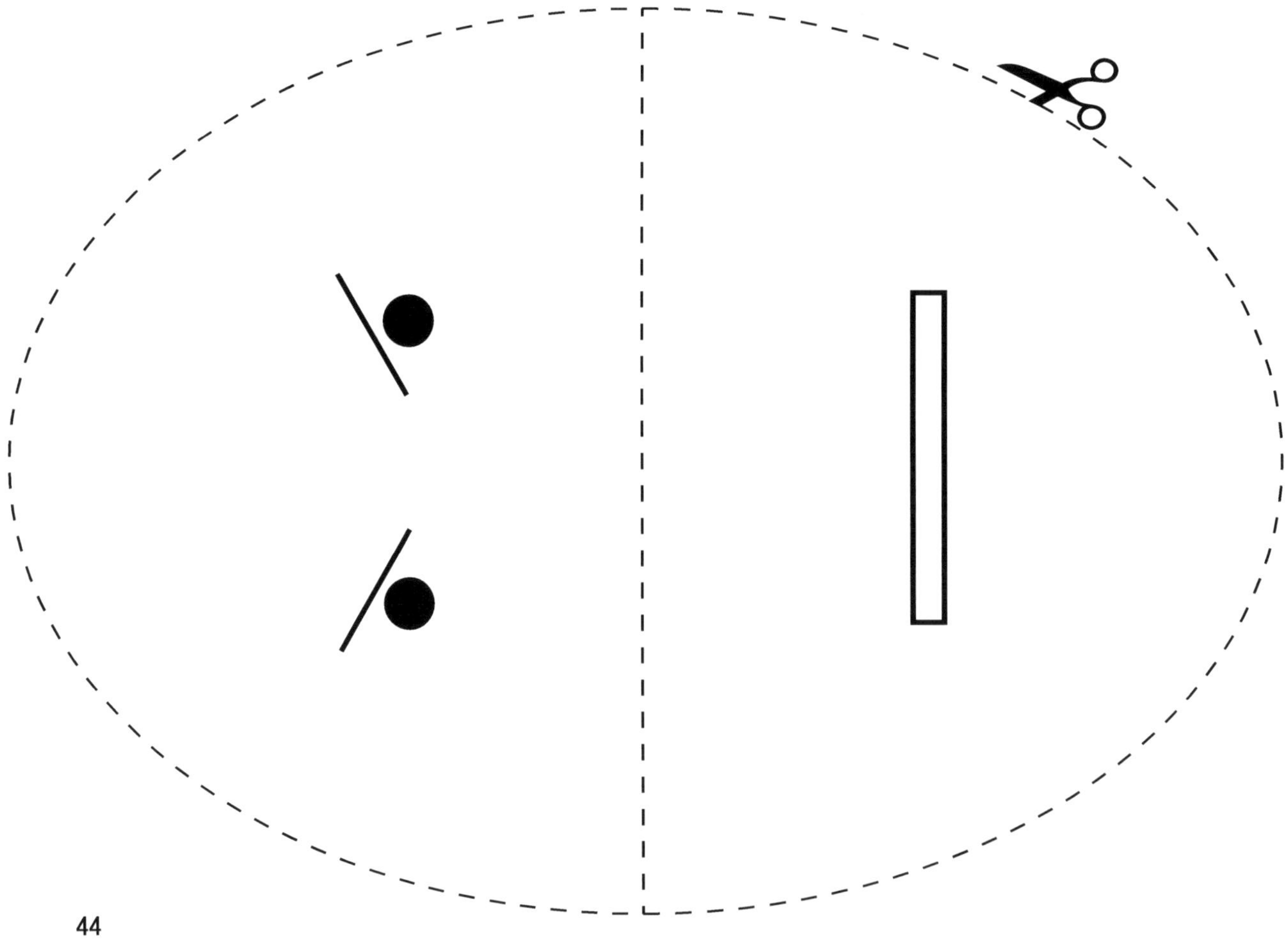

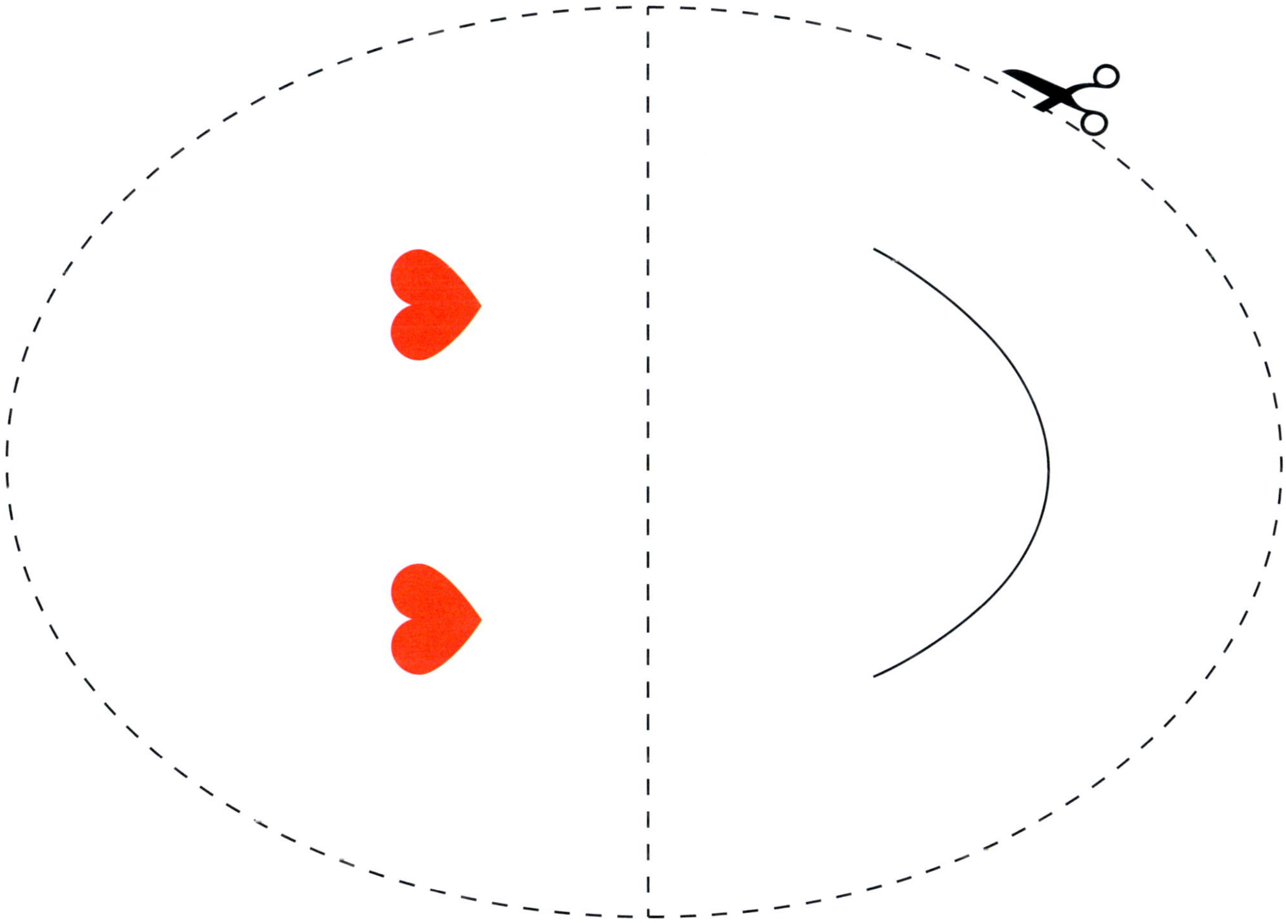

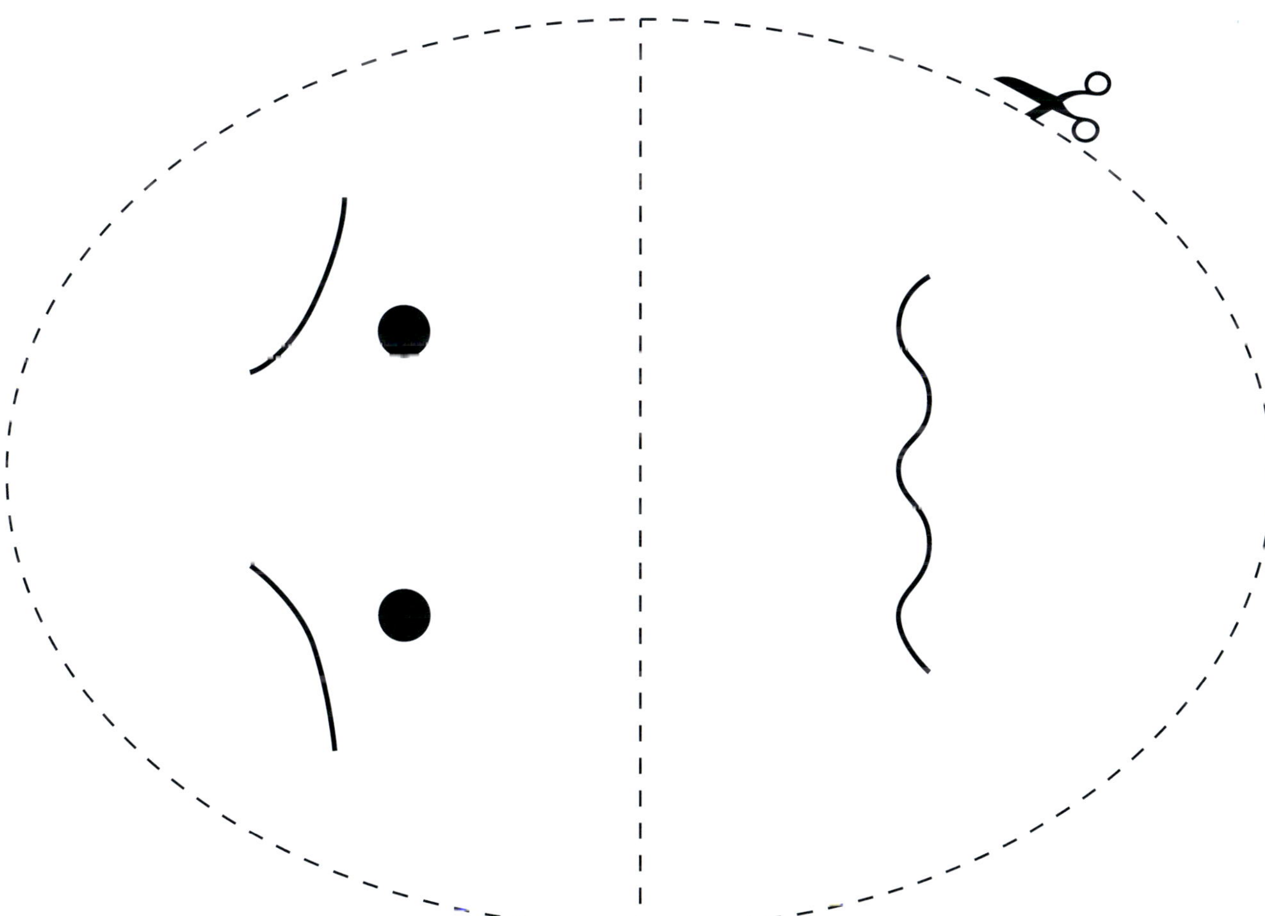

Doppelseite 3: Meine Welt im Bild

Inhalt:

Miri bekam ein Fotoalbum von Selma geschenkt. Auf der ersten Seite des Albums lächelt ihr der Vater der Ur-Oma, also ihr Ur-Ur-Opa von einem Foto entgegen. Er nimmt als Fotograf die Welt durch den Fotoapparat wahr. Selma betrachtet die Welt von oben und Anton nimmt eine Lupe zur Hand.

Bildelemente:

Dialogisches Mit-Erzählen:

Impulsfragen:

- Auf dem Foto sieht man einen Fotografen mit Kamera: Was nimmt er auf? Was interessiert ihn?
- Was sieht Selma, wenn sie vom Baum herunterschaut?
- Was sieht Anton durch seine Lupe?
- Was ist besser, von einem Baum herab auf die Welt zu schauen oder durch eine Lupe?
- Man sieht etwas aus unterschiedlichen Perspektiven. Welche ist ›die richtige‹?
- Verschiedene Perspektiven bereichern meine Welt?

Nachdenk-Gespräch (Philosophieren und Theologisieren):

Thema »Meine Welt im Bild«
Impulsfragen zum Arbeitsauftrag:

Fertigt Fotos an von Orten, die Ihr mögt. Druckt sie in der Kita oder Schule aus. Bringt die ausgedruckten Fotos mit zum Nachdenk-Gespräch. Spannt eine Wäscheleine im Raum und hängt die Bilder auf. Nehmt Euch Zeit für Eure Ausstellung. Schaut Euch die Bilder genau an. Seid fair, wenn Ihr über die Bilder sprecht. Denkt daran, dass die Bilder für jemanden aus Eurer Gruppe wichtig sind.

- Wenn Ihr an das eigene Foto denkt, was war Euch besonders wichtig? Was wolltet Ihr im Bild festhalten?
- In der Ausstellung habt Ihr viele verschiedene Orte gesehen, die Kinder aus der Gruppe gern mögen. Habt Ihr Fragen zu anderen Orten, die Ihr auf den Fotos seht?
- Kann es einen Ort geben, an dem sich alle Menschen der Welt gleich wohlfühlen?
- Kann es Orte geben, an denen sich alle Menschen auf der Welt gleich unwohlfühlen?
- Ist es gut, von einem anderen Menschen zu wissen, wo er sich wohlfühlt?
- Darf ich neidisch sein, wenn jemand einen guten Ort für sich gefunden hat?
- Was kann ich tun, wenn ich einen guten Ort für mich gefunden habe und jemand anderes diesen Ort auch gut findet?

Herausforderungen:

Die Schwierigkeit kann darin bestehen, dass es Orte geben kann, die viel Zustimmung in der Gruppe erhalten, aber nicht allen zugänglich sind. Ferner kann eine Konkurrenz um die besten Orte, die man gefunden hat, entstehen. Hier kann sich die Moderation einbringen und selbst Interesse anmelden für bisher in der Diskussion übersehen Orte.

Chancen:

Es besteht die Chance, dass die Kinder die Vielfalt der Orte sehen, die den anderen Kindern wichtig sind. Spannend kann auch die Erkenntnis sein, dass es Orte gibt, die niemand aufsuchen möchte: ein schlecht bewirtschaftete, stinkende Müllhalde, ein Abwasserkanal, dessen Ausfluss ohne Filter im Meer mündet, eine vom Sturm verwüstete Ortschaft usw., dass es aber keinen Ort geben kann, der allen Menschen gleichermaßen zusagt.

Wissen:

Selbst fotografieren lernen.
Eine Einführung gibt es im Anhang.

Gestalten:

Klebt jedes Foto auf festes Kartonpapier, locht den Stapel und bindet die Papiere mit Heftstreifen zusammen. So entsteht ein Buch, in das Ihr aber immer wieder Seiten einfügen könnt.

Stempelt Euren Anfangsbuchstaben auf die Deckseite und verziert die Seite mit Farbstiften oder Wasserfarben, oder besser: Schreibt Euren Namen auf die Deckseite und verziert die Seite mit Farbstiften oder Wasserfarben.

Findet eine Überschrift für jedes Foto. Gebt dem Fotoalbum einen Titel, den Ihr auf die erste Seite setzen könnt. Wenn Ihr mögt, könnt Ihr die Seite noch mit Farbstiften oder Wasserfarben verzieren.

Fotografieren:

Diese Einführung in das Fotografieren beruht u. a. auf den Empfehlungen von Kati Struckmeyer – medienpädagogische Referentin am JFF – Institut Jugend Film Fernsehen, Berlin-Brandenburg.
Fotoprojekte mit Kindern

Zu Beginn des Projekts sollten die Kinder erst einmal ihre eigenen Erfahrungen einbringen können. Wer hat schon einmal fotografiert? Welche Fotos hängen im Kinderzimmer? Welches ist ihr liebstes Foto? Wie funktioniert ein Fotoapparat oder ein Smartphone? Wie heißen die verschiedenen Bestandteile des Fotoapparats oder Smartphones? Worauf muss man achten? Dazu können die Kinder sicher schon vieles erzählen. Ergänzt werden die Antworten durch Informationen der begleitenden Pädagoginnen und Pädagogen. Der eigene Körper eignet sich hierbei gut, um Analogien zu schaffen und die verschiedenen technischen Aspekte verständlich zu machen:

- Speicherkarte = Gehirn
- Batterien = Nahrungsaufnahme zur Energiegewinnung
- Objektiv und Linse = Auge
- Ein-/Ausschalter drücken = morgens Aufwachen/abends Einschlafen

Außerdem wichtig sind:
- Auslöser, um ein Foto zu machen = Augen auf und gleich wieder zu machen
- Blitz für dunkle Situationen = Licht anmachen
- Zoom, um Entferntes nahe heran zu holen = Lupe benutzen
- LCD-Bildschirm, um sein Motiv zu finden und um sich die Bilder hinterher anzusehen

All diese Informationen sollten immer mal wieder durch ein Fotospiel aufgelockert werden, das diese sinnlich erfahrbar macht und festigt.

Checkliste
- Ein Raum, in dem ausreichend Platz für Fotospiele ist
- Mindestens zwei Termine à zwei bis drei Stunden oder ein Projekttag, wobei das Projekt auch zeitlich ausgedehnt werden kann
- Alle Gruppengrößen sind möglich, aber: Je kleiner die Gruppe, desto intensiver und effektiver das Arbeiten; ab einer Gruppengröße von mehr als zehn Kindern sollten mindestens drei Pädagoginnen und Pädagogen dabei sein
- Vorkenntnisse bei den Kindern sind nicht nötig, viele Kinder bringen aber ›Fotoerfahrung‹ mit, die aufgegriffen, einbezogen und reflektiert werden sollte
- Fotokameras/Smartphones (ein Aufnahmegerät für ca. drei bis fünf Kinder), Laptop, USB-Kabel zum Übertragen der Fotos, Beamer
- Fotos zur Anschauung (siehe Ablauf)
- Im Folgenden wird von digitalen Kameras oder Smartphones ausgegangen, es kann aber auch reizvoll sein, mit analogen Modellen oder selbstgebastelten Lochkameras zu arbeiten. Dies bietet sich für ältere Kinder an. Die Entstehung der Fotos wird so auf noch sinnlichere Art erfahrbar gemacht, besonders, wenn die Bilder dann auch noch selbst in der Dunkelkammer entwickelt werden.

In: https://www.medienpaedagogik-praxis.de/2012/12/15/fotoprojekte-mit-kindern/; aufgerufen am 4. 3. 2022

Doppelseite 4: Alle spielen mit

Inhalt:

Selma und Anton sind Freunde, die gern miteinander spielen.

Bildelemente:

Dialogisches Mit-Erzählen:

Impulsfragen:

- Welche Spiele wurden gespielt, als Selma und Anton noch Kinder waren?
- Welche Ideen haben die Kinder, damit Anton im Rollstuhl mitspielen kann?
- Könnt ihr herausbekommen, welches Würfelspiel die Kinder schon damals gespielt haben? Wie heißt es?

Nachdenk-Gespräch (Philosophieren und Theologisieren):

Thema »Alle spielen mit«
Impulsfragen:

- Ist es gerecht, dass Antons Tor beim Fußballspielen verkleinert wird?
- Was meint Ihr: Warum ist es gerecht? Oder: Warum ist es ungerecht?
- Was ist eine Behinderung?

Herausforderungen:

Die Herausforderung liegt darin, dass Kinder sehr genau darauf achten, welches die Antwort ist, die die Moderation hören möchte. Je jünger die Kinder sind, desto schwieriger ist es für sie, mehrere Aspekte von Gerechtigkeit gegeneinander abzuwägen.

Die Frage danach, was die Kinder sich unter einer Behinderung vorstellen, kann dazu führen, dass die Antworten Stereotypen enthalten: Behinderung ist, wenn man krank ist, etwas nicht kann und halt nicht so ist, wie andere.

Chancen:

Die Chance ist, dass die Kinder gemeinsam über Gerechtigkeit nachdenken und dabei erfahren, dass man dabei mehrere Aspekte gleichzeitig bedenken muss.

Im Blick auf das Thema Behinderung können Kinder durch Gegenfragen seitens der Moderation dabei unterstützt werden, ihre Urteile zu differenzieren.

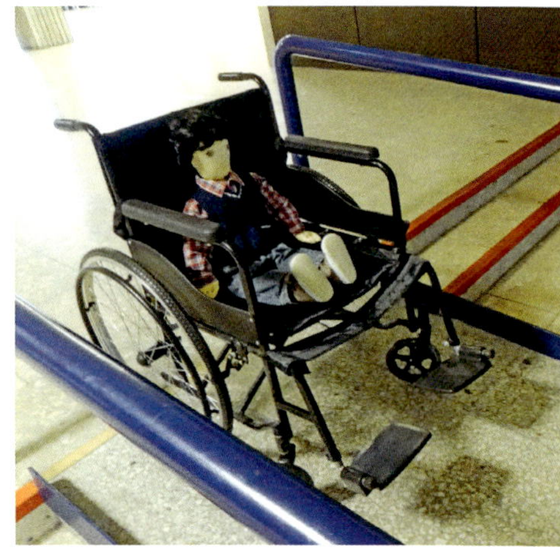

Wissen:

Josi kann mit einem Rollstuhl Stufen kaum bewältigen.
Mit einer Schräge jedoch kann er sich in einem Raum mit Höhenunterschieden ganz frei bewegen.
Behinderung ist nicht, wenn man krank ist. Behinderung ist, wenn man behindert wird. Dieses Motto wird hier näher erklärt.

Info-Text:
Was ist eine Behinderung?

Man IST nicht behindert. Man WIRD behindert, wenn man keine Hilfsmittel bekommt.
Mit Unterstützung kann man ganz viel erreichen, auch wenn man nicht laufen kann oder blind ist.

In der Behindertenrechtskonvention der Vereinten Nationen heißt es:

»Kein Mensch darf wegen seiner Behinderung
schlechter behandelt werden.
Jeder Mensch muss gut behandelt werden.«

Und:
»Menschen mit Behinderung sollen anerkannt werden.
Menschen sollen besser über Menschen mit Behinderung denken.
Jeder soll lernen, dass Menschen mit Behinderung wertvoll für das Land sind.«

Und:
»Kinder mit Behinderung sollen in denselben Kinder-Garten und
dieselbe Schule wie alle Kinder gehen können.«

Diese Textauszüge wurden herausgegeben vom Beauftragten der Bundesregierung für die Belange von Menschen mit Behinderung: Die UN-Behindertenrechtskonvention. Übereinkommen über die Rechte von Menschen mit Behinderungen. Demokratie braucht Inklusion; in: https://www.institut-fuer-menschenrechte.de/fileadmin/Redaktion/PDF/DB_Menschenrechtsschutz/CRPD/CRPD_Konvention_Leichte_Sprache.pdf; aufgerufen am 27. 4. 2022. Der Text wurde in leichter Sprache formuliert.

Gestalten:

Die Kinder können alle Spiele, die sie im Bilderbuch sehen, in der Kita oder auf dem Schulhof selber ausprobieren. Zu den Spielen gibt es im Folgenden einige Anregungen, wie sie ausgeführt werden können.

Welche Spiele kennt Ihr?

	Glücksstein – Murmelspiel
	Seilspringen
	Hinkepott
	Tooor!!
	Fang den Hut

Glücksstein – Murmelspiel:

Das braucht ihr:

- Glasmurmeln (wenn ihr keine habt, nehmt stattdessen Holzkugeln)
- Schöner, großer Stein als Glücksstein
- Straßenkreide (oder Springseile)

(Foto: A. Wegener)

Vor dem Spiel:

- Malt mit Straßenkreide einen großen Kreis auf den Boden oder legt ihn mit Springseilen (4 bis 5 Meter Durchmesser)
- Legt den Glücksstein in die Kreismitte
- Alle Kinder setzen sich um den Kreis herum
- Jedes Kind bekommt gleich viele Glasmurmeln (oder Holzkugeln)

So geht's:

Ein Kind beginnt die Runde und versucht eine seiner Murmeln so nah wie möglich an den Glücksstein heranzurollen. Im Uhrzeigersinn kommt jedes Kind an die Reihe und versucht es mit einer seiner Murmeln.

Hat jedes Kind im Kreis einen Versuch gewagt, ist die Runde vorbei. Nun schaut ihr, welche Murmel am dichtesten am Glückstein liegt. Das Kind, dessen Murmel am nächsten dran war, bekommt alle Kugeln, die im Kreis liegen.

Danach beginnt die nächste Runde. Ihr könnte so viele Runden spielen, bis ein Kind keine Murmeln mehr hat.

Ziel:

Das Kind, das die meisten Murmeln gewonnen hat, wird Murmelkönigin oder Murmelkönig!

(Foto: A. Wegener)

Seilspringen:

Spielanleitung:

Zwei Kinder stehen sich gegenüber und halten ein langes Springseil fest. Sie schwingen das Seil möglichst ruhig und gleichmäßig mit großen kreisenden Bewegungen.

Weitere Kinder stehen als »Springer« bereit. Sie laufen von außen in das schwingende Springseil und hüpfen möglichst lang über das Seil.

Es gibt einige Verse, die man während des Seilspringens für Kinder aufsagen kann. Ziel ist es, möglichst so lange zu springen bis der Vers beendet ist.

Teddybär

Teddybär, Teddybär, dreh dich um,
(Springer dreht sich um)

Teddybär, Teddybär, mach dich krumm,
(*Springer beugt sich nach vorne*)

Teddybär, Teddybär, bau ein Haus,
(Springer faltet die Hände über dem Kopf)

Teddybär, Teddybär, du bist raus!

Hinkepott:

Das braucht ihr:

- Stein
- Straßenkreide

Vor dem Spiel:

- Malt das Spielfeld (wie auf dem Bild) mit Straßenkreide auf eine freie Straßenfläche, zum Beispiel eine Hofeinfahrt

So geht's:

Ein Kind beginnt das Spiel und wirft den Stein in das Hüpfkastenfeld »1«.
Wenn es getroffen hat, darf es auf einem Bein loshüpfen, muss aber das Feld, in dem der Stein liegt, überhüpfen. Dann hüpft das Kind nacheinander von Feld »2« bis »7«.
Hier darf es das zweite Bein abstellen und sich kurz ausruhen.
Dann geht es wieder auf einem Bein zurück von Feld »7« bis »2«.
Bei Feld »2« angelangt, hebt das Kind den Stein wieder auf und hüpft mit dem Stein in der Hand aus dem Spielfeld.
Das Kind bleibt an der Reihe und wirft nun in das Feld »2«. Hat es getroffen, hüpft es auf einem Bein los, hüpft wieder in der richtigen Reihenfolge von Feld »1« bis »7« und lässt diesmal Feld »2« aus, weil da jetzt der Stein liegt.
Das nächste Kind ist an der Reihe, wenn das vorige ausgeschieden ist, weil es

- den richtigen Kasten mit dem Stein verfehlt hat,
- hingefallen ist oder
- auf eine Linie im Spielfeld getreten ist.

Das nächste Kind geht genauso vor, wie oben beschrieben.
Sind nacheinander alle Kinder ausgeschieden, ist wieder das erste Kind an der Reihe und darf bei der Zahl weitermachen, bei der es zuletzt ausgeschieden ist.

Ziel:

Wer als erstes einen kompletten Hüpf-Durchgang geschafft hat, hat das Ziel erreicht!

Tooor!:

Die Kinder versuchen abwechselnd einen Ball ins Tor zu kicken.
Ein anderes Kind versucht, den Ball zu fangen. Wer es schafft, ein Tor zu treffen, freut sich. Wer es schafft, den Ball vorher zu fangen, kann sich auch freuen.

Fang den Hut:

Die Spielregeln mit vielen Varianten des Spiels »Fang den Hut«, das schon Kinder wie Anton und Selma spielten, kann man unter diesem Link aufrufen:
https://www.ravensburger.de/spielanleitungen//ecm/Spielanleitungen/Fang_Den_Hut.pdf; aufgerufen am 8.3.2022

Doppelseite 5: Freundschaft in schweren Zeiten

Inhalt:

Selma und Anton nahmen als Kinder eine Veränderung in ihrem Umfeld wahr. Einige Kinder tragen Uniformen. Jungen und Mädchen spielen getrennt. Anton wird nun schief angesehen, weil er im Rollstuhl sitzt. Selma erweist sich als gute Freundin und hält zu Anton.

Bildelemente:

Dialogisches Mit-Erzählen:

Impulsfragen:

- Womit beschäftigen sich die Mädchen?
- Womit beschäftigen sich die Jungen?
- Gibt es im Bild eine Bestimmerin oder einen Bestimmer?
- Woran erkennt man, wer Bestimmerin oder Bestimmer sein will?
- Könnt Ihr erkennen, welche Kinder das machen, was der Bestimmer oder die Bestimmerin von ihnen will?
- Machen alle Kinder mit? Woran erkennt ihr, dass sie nicht gern mitmachen? Warum machen sie nicht mit?
- Wie verhält sich Selma? Wie verhält sich Anton?

Nachdenk-Gespräch (Philosophieren und Theologisieren):

Thema: »Freundschaft in schweren Zeiten«

Impulsfragen:

Anton konnte nicht hart, zäh und schnell sein. Selma hätte das schon eher noch schaffen können. Sie steht zu Anton, obwohl sie dabei andere Freunde und Freundinnen verliert.

- Was ist ein Freund? Was ist eine Freundin?
- Wann ist es leicht, ein guter Freund oder eine gute Freundin zu sein?
- Wann ist es schwer, ein guter Freund oder eine gute Freundin zu sein?

Herausforderungen:

In der Geschichte geschieht nie etwas genau gleich noch einmal. Insofern ist es eine Herausforderung, keine Kurzschlüsse zu ziehen nach dem Motto: »Dies ist genauso wie damals.« Das wäre unhistorisch.
Eine weitere Herausforderung ist, dass Kinder in der Gruppe (noch) keine Freunde gewinnen konnten. Sie könnten sich ausgeschlossen fühlen.
Chancen:
Oft werden gerade in Kinderbüchern und Schulbüchern jüdische Kinder einseitig als Opfer dargestellt. Sie waren Opfer und sie waren Kinder mit unterschiedlichen Fähigkeiten und Stärken. Selma erweist sich im Bilderbuch als gute Freundin. Sie zeigt Stärke. Es ist wichtig, dass Kinder dies realisieren können.
Es ist wichtig über einer engen Freundschaft nicht zu vergessen, dass alle Menschen ein Recht darauf haben, dass man ihre Würde achtet und sie mit Wohlwollen behandelt.

Wissen:

Es können hier die Hintergrundinformations-Texte aus dem Anhang genutzt werden, damit sich Kinder erstes Wissen über die Zeit des Nationalsozialismus aneignen können.

Wir sollten aber an dieser Stelle nicht den Fokus dieses Bilderbuches aus den Augen verlieren: Hier geht es primär darum, Kindern in Kita und Grundschule eine erste Vorstellung zu vermitteln, was es mit dem Thema ›Antisemitismus‹ auf sich hat.

Das Thema ›Nationalsozialismus‹, in dem sich der eliminatorische Kern des Antisemitismus in Gänze zeigt, kann dabei natürlich nicht vollständig ausgeblendet werden. Kinder werden danach fragen, auch wenn hierauf nicht der Fokus dieses Buches liegt, und sollten dann auch erste Antworten erhalten. Aus diesem Grund werden pädagogischen Fachkräften und Lehrkräften im Grundschulbereich mit den Hintergrundinformations-Texten Formulierungshilfen und Zusatzinformationen angeboten.

Es existieren auf dem deutschsprachigen Buchmarkt einige Bilderbücher, die dieses Thema ganz gezielt aufgegriffen haben. Auf einige Bilderbücher zu diesem Thema, die sich für den Einsatz in der Grundschule eignen, sei hier kurz hingewiesen:

Bate, H. (2019): Peter in Gefahr. Mut und Hoffnung im Zweiten Weltkrieg, in der Übersetzung von Pressler, M., Frankfurt a. M.: Moritz Verlag

Chmielewska, I. (2011): Blumkas Tagebuch. Vom Leben in Janusz Korczaks Waisenhaus, Langenhagen: Gimpel Verlag

Deutschkron, I. (2017): Papa Weidt. Er bot den Nazis die Stirn, mit Illustrationen von Ruegenberg, L., Kevelaer: Butzon & Bercker Verlag, 2. Auflage

Hannemann, G. (2015): Marisha – Das Mädchen aus dem Fass, mit Illustrationen von Leitner, I., Berlin: Ariella Verlag

Gestalten:

Die Kinder können Freundschaftskarten an andere Kinder in der Kita oder der Klasse versenden. Hierzu wählt sich auf einem Wandvorhang jedes Kind eine Tasche aus. Diese Tasche wird mit Bild und Namen versehen. Dort können Grußkarten und Briefe hineingegeben werden. Die Regeln lauten:

- Es gibt ein Postgeheimnis. Niemand schaut in das Fach eines anderen Kindes.
- Es werden keine unfairen Briefe geschrieben.
- Jeder Brief enthält Zeichen, mit dem man erkennen kann, von wem der Brief stammt.

Wandvorhang mit Taschen für Freundschaftskarten:

Doppelseite 6: Von ›Mustermädchen‹ und ›Musterjungen‹

Inhalt:

Selma, Anton, Miri und Tom unterhalten sich darüber, was ein »Mustermädchen« oder ein »Musterjunge« sein soll.

Bildelemente:

Dialogisches Mit-Erzählen:

Impulsfragen:
- Was ist ein ›Musterbogen‹?
- Beschreibt einmal, was ihr auf den Musterbögen seht.
- Was sollen Mädchen anziehen? Womit sollen sie spielen?
- Was sollen Jungen anziehen? Womit sollen sie spielen?

Nachdenk-Gespräch (Philosophieren und Theologisieren):

Thema »Geschlechtergerechtigkeit«
Impulsfragen:
- Die Moderation kann verschiedene Spielsachen mitbringen und vor den Kindern aufstellen.
- Mit welchen Spielsachen spielen Jungen?
- Mit welchen Spielsachen spielen Mädchen?
- Mit welchen Spielsachen spielen Jungen und Mädchen?
- Gibt es Spielsachen mit denen nur Jungen spielen dürfen?
- Gibt es Spielsachen mit denen nur Mädchen spielen dürfen?
- Was passiert, wenn ein Mädchen mit einem Jungenspielzeug spielt?
- Was passiert, wenn ein Junge mit einem Mädchenspielzeug spielt?
- Welche Argumente gibt es für Eure Meinungen?

Herausforderungen:
Die Herausforderung ist, dass sich die Kinder auf Stereotypen festlegen.
Kita-Kinder sind hier noch beweglicher als Schulkinder.

Chancen:

Selma und Anton können hier als Vorbilder ohne erhobenen Zeigefinger wirken. Sie leben gegen Stereotypen an. Die beiden können von der Moderation eingebracht werden, um Stereotypen bei den Kindern zu irritieren. Ist es wirklich so? Ist es immer so? Muss es so sein?

Auch abweichende Voten von anderen Kindern können dazu beitragen, Stereotypen zu hinterfragen.

Wissen:

Mädchen verfügen über mehr Möglichkeiten, klassisches Mädchenspielzeug zu verwenden und klassisches Jungenspielzeug, als dies bei Jungen der Fall ist. Während Mädchen blaue oder rosa Kuscheltiere verwenden dürfen, wird sich ein Junge selten mit einem rosa Kuscheltier zeigen, weil an ihn andere gesellschaftliche Erwartungen gestellt werden, als an Mädchen. Dies wird sehr verständlich dargelegt beispielsweise in Böhnisch/Funk (2002).

Dieses Wissen um unterschiedliche gesellschaftliche Erwartungen können sich Kinder in Ansätzen erarbeiten. Übungen finden sich dazu im Anhang. Das Bildungsziel wäre, dass Kinder sich Freiräume erarbeiten, Dinge zu tun, die zu ihnen passen und ihnen nicht gesellschaftlich aufgezwungen sind.

Gestalten:

Musterbogenkinder Seite 60–61 ausschneiden und mit Musterbogenspielzeug spielen lassen. Spielsituationen aufkleben und Überschriften finden. Auf die eigenen Bilder den Anfangsbuchstaben stempeln oder den Namen schreiben. Die Bilder aufhängen und eine kleine Ausstellung organisieren.

Doppelseite 7: Kinder haben Rechte

Inhalt:

Anton wird in eine Sonderschule eingewiesen, obwohl er das nicht möchte. Selma wird von den früheren Freundinnen getrennt. Sie trägt ein Abzeichen, das so nicht als Schmuck gemeint war.

Bildelemente:

Dialogisches Mit-Erzählen:

Impulsfragen:

- Woran erkennt man, dass Anton und Selma Schulkinder geworden sind?
- Welche Schule besucht Anton? Warum will er diese Schule nicht besuchen?
- Warum kann Selma nicht mit Anton zusammen zur Schule gehen?
- Könnt Ihr das Zeichen beschreiben, das Selma auf ihrer Jacke trägt?
- Wo habt Ihr das Zeichen vielleicht schon einmal gesehen?

Nachdenk-Gespräch (Philosophieren und Theologisieren):

Thema: »Kinder haben Rechte«

Impulsfragen:

Die Moderation kann als Gesprächseinstieg auf die Kinderrechte hinweisen.
Die Weltgemeinschaft (UN) erklärt: Alle Kinder auf der Welt haben Rechte. Auch du.
Ein Kinderrecht lautet:
Artikel 12
Du sollst mitentscheiden können.

Die Erwachsenen sollen dich nach deiner Meinung fragen, wenn eine Entscheidung für dich getroffen wird.

- Wann wird nach Eurer Meinung gefragt? Könnt Ihr ein Beispiel nennen?
- Was meint Ihr: Wann sollten Erwachsene nach Eurer Meinung fragen?
- Worüber möchtet Ihr mitentscheiden?
- Worüber möchtet Ihr in der Kita mitentscheiden?
- Worüber möchtet Ihr in der Schule mitentscheiden?
- Können Kinder alles selbst entscheiden?
- Können Kinder mitentscheiden?

Herausforderungen:

Es könnte eine Herausforderung sein, dass nicht ganz klar wird im Gespräch, das Rechte und die Erfüllung von Wünschen nicht dasselbe sind. Das Leben von Kindern hängt davon ab, ob Kinderrechte gegeben sind. Kinderrechte sind lebenswichtig. Wünsche müssen sich mitunter glücklicherweise nicht immer erfüllen.

Hier muss die Moderation unterstützen, dass eine Unterscheidung für die Kinder möglich wird.

Chancen:

Die Chance besteht darin, dass Kinder von ihren Rechten erfahren und dass man in der Kita oder der Schule, einer Umsetzung dieser Rechte gemeinsam näherkommt.

Wissen:

Als Selma und Anton noch Kinder waren, hatte die Weltgemeinschaft noch keine Kinderrechte erklärt.
Die Nazis wollten keine Kinderrechte.
Es können hier Info-Texte aus dem Anhang genutzt werden, damit sich Kinder erstes Wissen über die Zeit des Nationalsozialismus aneignen können.

Gestalten:

- Hängt ein Poster für Kita-Kinder zu den Kinderrechten in Eurer Kita auf.
- Hängt ein Poster für Schulkinder zu den Kinderrechten in Eurer Klasse auf.
- Legt die Kinderrechte in leichter Sprache im Klassenzimmer aus. (AWO 2022)
- Schaut Euch die Bilder an. Lasst Euch Rechte vorlesen und versucht es, selbst zu lesen.
- Malt ein Bild zu einem Kinderrecht, das Euch besonders wichtig ist.
- Bringt das Bild in das Kinderparlament Eurer Kita oder in den Klassenrat ein. Sprecht darüber, warum Euch das Recht wichtig ist und wie man das Recht voranbringen kann.

Poster mit Kinderrechten:

Einen Kreis basteln, die Kinderrechte besprechen und mit den Kindern gemeinsam passende Bilder finden und aufkleben. (Fotos: A. Wegener) Siehe Seiten 64–75

Recht auf Gleichbehandlung

Du sollst nicht schlechter als andere Kinder behandelt werden. Es ist egal, welche Hauttönung du hast, aus welchem Land du kommst, welche Sprache du sprichst, ob du ein Mädchen oder Junge bist oder welche Religion du hast.

Recht auf Bildung

Alle Kinder sollen die gleichen Möglichkeiten haben und viele Dinge lernen, damit sie später gut leben und Entscheidungen treffen können. Deswegen müssen alle Kinder zur Schule gehen können. Die Lehrerinnen sollen guten Unterricht machen und Kinder auf das Leben vorbereiten.

Recht auf Spiel, Erholung und Freizeit

Du sollst auch Ruhe und
Freizeit haben.
Freizeit bedeutet:
Du hast freie Zeit für Dinge,
die du gerne machst.
Zum Beispiel nach
der Schule.

Recht auf Schutz vor Ausbeutung

Ausbeutung bedeutet zum Beispiel, dass du gefährliche Arbeit machst und sie dich krank macht. Du hast dann nicht genug Zeit für dich. Du sollst aber Zeit haben, um dich auszuruhen und zur Schule gehen zu können.

Recht auf Schutz im Krieg und auf der Flucht

Krieg bedeutet: Es wird mit Waffen gekämpft und es ist sehr gefährlich. Du darfst nicht im Krieg kämpfen und nicht von der Armee ausgebildet werden. Du darfst nicht in der Armee kämpfen, weil du noch zu jung bist.

Recht auf Privatsphäre

Du und deine persönlichen
Sachen sollen geschützt werden.
Niemand darf etwas mit
ihnen machen, deine Briefe
öffnen und lesen oder
in dein Zimmer gehen, wenn
du es nicht willst.
Bei den Eltern gibt es
Ausnahmen, um für dich
zu sorgen und dich
zu schützen.

Recht auf gewaltfreie Erziehung

Du sollst sicher und gut leben
können. Niemand darf
Gewalt gegen dich anwenden.
Man darf dir nicht wehtun
oder dich verletzen.
Man darf dich nicht zwingen,
etwas zu tun, was nicht
gut für dich ist und
nicht zwingen, gefährliche
und schlimme Dinge
zu machen.

Recht auf elterliche Fürsorge

Deine Eltern sollen und dürfen
auf dich aufpassen.
Beide Eltern-Teile sollen
und dürfen darauf achten,
dass du gesund bleibst
und gut aufwächst.
Deine Eltern begleiten
dich dabei.

Recht auf Fürsorge bei Behinderung

Wenn du eine Beeinträchtigung hast, bekommst du besondere Hilfen, damit du dich gut entwickeln kannst. Zum Beispiel, weil du schlecht laufen oder nicht hören kannst oder weil du beim Lernen besondere Hilfe brauchst.

Recht auf Gesundheit

Du sollst schnell Hilfe von einer Ärztin oder im Krankenhaus und Medizin bekommen, wenn du krank bist. Du sollst genug Essen und sauberes Wasser haben und viel über ein gesundes Leben wissen.

Recht auf freie Meinungsäußerung

Du darfst deine Meinung sagen. Du darfst sagen, was du denkst und fühlst. Du sollst aber keinem anderen Menschen schaden, wenn du deine Meinung sagst, und nichts Falsches über eine andere Person sagen.

Recht auf Leben

Du hast das Recht zu leben.
Jedes Kind hat das Recht zu
leben, weil es ein Mensch ist.
Dein Land soll dafür sorgen,
dass du und alle Kinder
überleben und gut
aufwachsen können.

Kinder haben Rechte

UN-Kinderrechtskonvention

Doppelseite 8: Antisemitismus

Inhalt:

Selma und Miri sind jüdisch, darin sind sie sich einig und sie sind zugleich auch verschieden. Denn: Jeder Mensch ist etwas ganz Besonderes. Antisemitismus verhindert, dass man dieses kostbare Besondere in jedem Menschen sehen kann.

Bildelemente:

Dialogisches Mit-Erzählen:

Impulsfragen:

- Wie sieht das Kind aus, das auf diesem Bild gezeichnet wurde?
- Könnt Ihr bitte beschreiben, was Ihr seht?
- Was fühlt ihr, wenn Ihr das Bild betrachtet?
- Wie sehen die anderen Menschen aus, die auf diesem Bild gezeichnet wurden?

Nachdenk-Gespräch (Philosophieren und Theologisieren):

Vertiefung zum Thema: »Antisemitismus«

Kind mit diskriminierender Markierung:

Als Gesprächsimpuls: Anhand des vergrößerten Bildausschnittes kann das Nachdenk-Gespräch zum Thema Antisemitismus geführt werden. Hier kann das wichtigste Element aller Formen des Antisemitismus von den Kindern vorsichtig gedanklich umkreist und erforscht werden. Antisemitismus sagt etwas über die Sichtweise der Antisemit*innen aus. Sie legen eine einheitlich negative Sichtfolie über die verschiedenen jüdischen Menschen. Dieser feindliche antisemitische Blick sagt nichts darüber aus, wie Jüdinnen und Juden in all der Vielfalt ihres jüdischen Lebens sind. Hinter der Markierung verschwindet im wahrsten Sinne des Wortes der reale Mensch. Der Antisemitismus erweist hier seinen eliminatorischen Grundcharakter.

Impulsfragen:

Vielleicht zeigt dieses Bild Selma. Wir wissen es nicht genau. Aber es könnte Selma sein.

Was meint Ihr: Was fühlt dieses Kind wohl? Wir wissen es nicht mit Sicherheit, was es gerade fühlt. Aber wir können einmal miteinander überlegen: Wie könnte sich dieses Kind fühlen?

Herausforderungen:

Die Herausforderung besteht darin, dass man sich nicht in die Situation eines jüdischen Kindes in der Zeit des NS einfühlen kann. Da gibt es eine historische Grenze. Außerdem gilt das Überwältigungsverbot des Beutelsbacher Konsenses. Der Beutelsbacher Konsens, der in den 1970er Jahren formuliert wurde und als ersten zentralen didaktischen Leitgedanken ein »Überwältigungsverbot« gegenüber Lernenden (Landeszentrale für politische Bildung BW 2021) fordert, wurde zunächst für die politische Bildung formuliert, gewinnt jedoch zunehmend ganz grundsätzlich in Bildungsprozessen an Relevanz. Kinder sollen von Lernangeboten grundsätzlich nicht emotional überwältigt werden.

Es geht hier nicht darum, dass alle Kinder dasselbe Gefühl aufbringen. Keinesfalls sollte das Gespräch in eine ›Betroffenheitspädagogik‹ einmünden. Es geht hier darum, einen ersten Raum zu eröffnen als Angebot zur Einfühlung.

Es kann sein, dass die Kinder sich ganz unterschiedlich äußern: Das Kind fühlt sich gut. Oder: Das Kind fühlt sich schlecht. Hier ist es gut als Moderation in der interessierten, fragenden Haltung zu bleiben und auf den Text zu verweisen: Lesen wir doch noch einmal im Buch nach, was Selma hier zu Tom sagt. Und dann könnte man an die Diskussion in der Kindergruppe anschließen: Einige von Euch sagen, dass das Kind sich gut fühlt. Einige von Euch sagen, dass sich das Kind schlecht fühlt. Nun wurde dieses Kind gezwungen, ein Zeichen sichtbar auf der Jacke zu tragen. Ist dieses Zeichen ein Schmuck? Auch hier kann, darf und soll es unterschiedliche Ansichten geben. Wichtig ist nur, dass die Kinder im Nachdenk-Gespräch erlernen, dass sie ihre Meinung durch Argumente stützen können und dass manche Argumente eher von anderen geteilt werden können als andere.

Chancen:

Die Chance besteht hier, dass Kindern und den sie begleitenden pädagogischen Fachkräften und Lehrkräften die Möglichkeit geboten wird, sich dem Thema Antisemitismus in aller Vorsicht anzunähern.

Kindern, denen es gelingt, Einfühlung in Worte zu fassen, erweitern das Gefühlsspektrum der anderen.

Zum Abschluss dieses Nachdenk-Gesprächs könnte die Moderation den Kindern danken dafür, dass sie ihre Gedanken und Gefühle miteinander und mit ihr geteilt haben. Wichtig wäre der Hinweis, dass es im nächsten Nachdenk-Gespräch darum gehen wird, miteinander zu überlegen, was man gegen Antisemitismus tun kann.

Wissen:

Hier können die Info-Texte im Anhang eingesetzt werden.

Gestalten:

Diese Doppelseite 8 und die darauffolgende Doppelseite 9 sollten als Einheit betrachtet werden. Die Gestaltungsideen sollen insbesondere die positiven Möglichkeiten betonen, wie man Antisemitismus entgegenwirken kann. Die Grundidee ist dabei, keine Hilflosigkeitsgefühle gegenüber dem Thema Antisemitismus zu erzeugen.

Doppelseite 9: Alle Farben dieser Welt – ohne Angst verschieden sein.

Inhalt:

Alle Farben dieser Welt gehören zum Menschen, weiß Miri. Tom ergänzt:
Licht und Schatten gehören auch dazu.

Bildelemente:

Dialogisches Mit-Erzählen:

Impulsfragen:
- Welche Farben erkennt Ihr?
- Welche Mal -und Zeichengeräte erkennt Ihr auf dem Bild?
- Mit welchen habt Ihr schon gemalt?

Nachdenk-Gespräch (Philosophieren und Theologisieren):

Thema: »Alle Farben dieser Welt – ohne Angst verschieden sein«
Spielübung mit Impulsfragen:
Im Bilderbuch wird gesagt, dass Menschen ganz unterschiedlich sind. Um dies zu verdeutlichen, kann die soziometrische Übung nach Jakob L. Moreno eingesetzt werden. Bei dieser Übung können insbesondere Farben thematisiert werden. Die Fragen werden so gestellt, dass die Kinder sich nach Ja und Nein aufstellen. Die Kinder verteilen sich im Raum. Im Raum werden ein Ja-Bereich und ein Nein-Bereich festgelegt. Nun werden die Kinder nach Farben gefragt: Wer mag rot ...? – Wer hat schon einmal einen lila Frosch gesehen? – Wer hat etwas Grünes ... an? Die Kinder auf der Ja-Seite sollten ebenso gewürdigt werden, wie die auf der Nein-Seite. Es geht darum, dass Verschiedenheit Spaß machen kann. Die Übung kann mit der Frage enden: Wer von Euch ist ein Mensch? Da treffen sich alle und die Moderation darf sich gern dazustellen.
Worin sind wir verschieden?
Worin sind wir gleich?
Farbkartons nacheinander hochhalten: Was fühlt Ihr, wenn Ihr eine rote ... Farbe seht? Was fühlt Ihr, wenn Ihr eine schwarze Farbe seht? Was fühlt Ihr, wenn Ihr eine weiße Farbe sehr?

Herausforderungen:

Die Herausforderung ist, dass die Moderation zu viel von der Übung und dem Nachdenk-Gespräch erwartet. Die Kinder üben sich erst darin, Metaphorik zu erfassen. Hier geht es also darum, sich an Buntheit miteinander zu erfreuen.

Chancen:

Die letzte soziometrische Frage, die alle zusammenbringt, versinnbildlicht die Menschenwürde, die uns alle auszeichnet. Sie erst gibt aller Vielfalt und Buntheit ein ethisches Fundament. Dies kann von den Kindern intuitiv erfasst werden, sofern dies auch im Alltag für die Kinder immer wieder konkret erfahren wird.

Wissen:

Hier kann auf die Info-Texte zurückgegriffen werden.

Antisemitismus verfolgt ein für Demokratie und Menschenrechte gefährliches Ein-Punkt-Programm zur Vereindeutigung der Welt. Vielfalt, die in Demokratie und Menschenwürde gegründet ist, setzt ein starkes und wirksames Gegengewicht gegen Antisemitismus.

Erweitern Sie im Lehrer*innen- bzw. Fachkräfte-Team Ihr Wissen zum Thema Antisemitismus kontinuierlich und nehmen Sie gezielt Antisemitismusprävention in die Konzeption Ihrer Einrichtung und ihr berufliches Alltagshandeln auf. Übungen, mit denen sich die Vielfalt im Judentum aufzeigen lässt, finden sich im Buch »Kindertageseinrichtungen gegen Antisemitismus – Aus guten Geschichten lernen« von Kölsch-Bunzen, N. (2023)

Gestalten:

»Ich bin Vieles«:

Legen Sie Papiere in der Größe aus, dass jedes Kind auf einem großen Blatt liegen kann, ohne den Fußboden zu berühren. Umfahren Sie vorsichtig mit etwas Fingerfarbe auf einem weichen Pinsel die Konturen jedes Kindes. Stellen Sie den Kindern Farben zur Verfügung zum Ausmalen. Die Kinder können ihre Bilder mit Anfangsbuchstaben des Vornamens per Stempel kennzeichnen oder den Namen aufschreiben.

»Die Farben der Welt kehren zurück«. Jedes Kind kann den eigenen Körperumriss mit seinem eigenen, ganz besonderen Farbspektrum versehen. Sich selbst als bunt und vielfältig zu erleben, ist eine wichtige Erfahrung, die bereits kleine Kinder emotional erfassen können. Dieser wertschätzende Blick auf die Welt und auf andere Menschen wird sie dabei unterstützen, einen kalten vereinheitlichenden antisemitischen Blick zu erkennen.

Sie können einen Kommentar zum Bild abgeben, den die Fachkraft für das Kind notiert. Bei entsprechender Fähigkeit können die Kinder den Kommentar selber schreiben.

Diese Übung kommt leicht daher, ist aber in diesem Kontext sehr wichtig. Antisemitismus geht davon aus, dass ein einziges zugeschriebenes Merkmal den ganzen Menschen ausmachen soll. In dieser Übung zeigt sich, dass jeder Mensch eine innere Heterogenität, eine innere Vielfalt aufweist. Zur theoretischen Vertiefung sei hier auf Kölsch-Bunzen/Morys/Knoblauch (2015) verwiesen.

Materialliste:

- Zeitungsdruckpapier Rollenreste (dünn, aber preiswert)
- Krepp-Klebeband
- Fingerfarben
- Weiche Pinsel in verschiedenen Stärken

Fotos: A. Wegener

Doppelseite 10: Fluchterfahrung

Inhalt:

Selma berichtet von ihrer Flucht.

Bildelemente:

Dialogisches Mit-Erzählen:

Impulsfragen:
- Warum ist die Seite des Fotoalbums leer? Habt Ihr eine Vermutung?
- Woran erkennt Ihr, dass die Menschen auf der Flucht sind?
- Was ist eine Flucht?
- Ist Selma dabei?
- Warum fliehen die Menschen?
- Wie hat Anton sich gefühlt, als er erfuhr, dass Selma aus dem Land geflohen ist?
- Was fühlt Ihr, wenn Ihr von der Flucht von Selmas Familie hört?

Nachdenk-Gespräch (Philosophieren und Theologisieren):

Thema: »Fluchterfahrung«
Impulsfragen:
- Diese vergrößerten Bildelemente können als Gesprächsimpuls verwendet werden.
- Hier seht Ihr Menschen auf der Flucht: Kennt Ihr solche Bilder aus dem Fernsehen oder dem Handy?
- Kennt Ihr Menschen, die Fluchterfahrung haben?
- Was ist Flucht?
- Warum fliehen Menschen?
- Was kann man auf einer Flucht mitnehmen?
- Was fühlt Ihr, wenn Ihr von Flucht erfahrt?
- Was kann man tun, um Geflüchteten zu helfen?
- Kann Gott helfen?

Herausforderungen:
Auch dieses Thema stellt die Moderation vor Herausforderungen. Es ist sehr wahrscheinlich, dass Kinder sowohl in der Kita als auch in der Schule mit dem Thema Flucht konfrontiert sind und/oder selbst Fluchterfahrungen in der Familie haben. Umso wichtiger ist es mit den Kindern ins Gespräch zu kommen. Sie sollen

die Möglichkeit haben, auch von ihren Sorgen und Ängsten zu berichten.

Es ist auch möglich, dass Kinder selbst über Fluchterfahrung verfügen. Bei Kindern, die unter akuter Traumatisierung leiden, sollte man zuvor den fachlichen Rat der behandelnden Therapeutin / des behandelnden Therapeuten einholen, ob und gegebenenfalls wie das Thema aufgegriffen werden kann.

Eine Herausforderung besteht darin, ›Flüchtlinge‹ nicht nur mit dem Wortzusatz ›-ling‹ zu verkleinern und ausschließlich auf Hilfsbedürftigkeit festzulegen. Besser ist der Begriff Geflüchtete, der die Menschen nicht nur auf diese eine Erfahrung reduziert. Der Begriff ›Flüchtling‹ kann ergänzt werden durch den Begriff der ›Fluchterfahrung‹, der ja auch Aspekt von Mut und Kraft zur Überwindung von großen Schwierigkeiten beinhaltet.

Die Frage nach Gott in diesem Kontext ist nicht unproblematisch. Hier könnten die Kinder ein direktes Eingreifen Gottes fordern oder Gebete favorisieren nach dem Muster: »Lieber Gott, mach, dass …« Hier könnte sich die religiös ›musikalische‹ und auch die religiös ›unmusikalisch‹ pädagogische Fachkraft bzw. Lehrkraft vorsichtig einbringen, nicht im Sinne eines Besserwissens, sondern eher, um einen Weg anzudeuten, der aus einer Enge des Denkens herausführen könnte. Es gehört zur Weisheit von Weltreligionen, die Gottesvorstellung nicht dahingehend zu verkitschen als sei Gott ein alter Mann mit Rauschebart, der auf einer Wolke sitzt. Diese Vorstellung, die keine ernstzunehmende Judaistik, christliche Theologie oder Islamwissenschaft beispielsweise vertreten kann, sollte auch Kindern nicht zugemutet werden. Die Gottesvorstellungen betonen die Transzendenz, dies gilt letztlich auch für die religiöse Vorstellung von Fürsprecher*innen. Um es einfach auszudrücken, Gott lässt sich nicht in eine Tasche stecken und herumtragen. Gebete, die Gott zum ›Großen Wunscherfüllenden Wesen‹ verkleinern, erschweren es Kindern unnötig, einen Zugang zu Religionen und religiösen Menschen finden zu können. Gebete in dieser einfachen Art, können helfen, das Stärkende in Religionen zu betonen: »Sei bei mir in schwerer Zeit, auch wenn ich dich nicht sehe« »Gib mir Kraft, das Richtige zu tun.« »Ich bin so wütend über…« Die Weltreligionen verfügen über eine reichhaltige Gebetstradition, die Gottesvorstellung in ihrer Ambiguität bestehen lassen: als das ›Ganz Andere‹ und doch als das ›der Welt Zugewandte‹ belassen.

Chancen:

Es ist wichtig, dass den Kindern in ihren Sorgen und Ängsten Empathie entgegengebracht wird. Kinder die diese Empathie (noch) nicht aufbringen können, sollen nicht genötigt werden, sie zu heucheln. Es kann für die Kinder zu einer wichtigen Bildungserfahrung werden, wahrzunehmen, dass andere Kinder anders empfinden.

Die Frage nach den konkreten Hilfen für Menschen mit Fluchterfahrung, kann den Blick vom Fatalismus hin auf konkretes Tun lenken.

Wissen:

Hier könnte man eine Person einladen, die über Fluchterfahrung verfügt und in der Lage ist von diesen Erfahrungen so zu berichten, dass die Kinder mitdenken, mitfühlen können und nicht überwältigt werden.

Es ist auch möglich, eine Fachkraft der Sozialen Arbeit einzuladen, die von ihrer Erfahrung mit Menschen mit Fluchterfahrung berichtet.

Außerdem könnte man eine jüdische Zeitzeugin oder einen jüdischen Zeitzeugen bitten, die von eigener Fluchterfahrungen als Kinder oder von den Fluchterfahrungen ihrer Vorfahren berichten können.

Ferner gibt es die Initiative ›Zweitzeugen‹, die sich zur Aufgabe gemacht haben, anderen »Menschen anhand einfühlsam weitererzählter Holocaust-Überlebensgeschichten die Wesentlichkeit von Akzeptanz« weiterzugeben. (Zweitzeugen e. V. [2022] unter: https://zweitzeugen.de/, aufgerufen am 6.3.2022) Evtl. ist auch hier ein Besuch möglich.

Gestalten:

Der Grundgedanke dieser Gestaltungsidee ist, Kindern Malwände zur Verfügung zu stellen, alternativ können auch Tische verwendet werden, die keinen Schaden nehmen, wenn reichlich Farbe auf ihnen landet. Jedem Kind wird ein dickeres Papier, mindestens im Din A3-Format angeboten und ein Platz zum Malen. Die Kinder können das Papier mit Kleister und mit GOUACHE Tempera Kindermalfarbe bemalen.

Als Palette für Farbmischungen können weiße Teller oder Pappteller dienen.

Die Aufgabe könnte lauten: Wenn du an das Thema Flucht denkst, was fühlst du? Bring das Gefühl mit deinen Händen und mit Farbe aufs Papier.

Aus den Bildern kann eine Ausstellung entstehen. Wichtig ist hier, dass diejenigen bestimmen, was das Bild zeigt, die es erstellt haben. Das Kind verfügt über das eigene Bild und darüber wie es will, dass es gesehen wird. Nichts soll in das Bild ›hineininterpretiert‹ werden. Die Bilder sollten ausschließlich positiv kommentiert werden. »Mich beeindruckt, wie du hier zwei kräftige Blautöne zusammengestellt hast.« Beispielsweise: »Hier zieht sich eine Linie über das ganze Bild, das interessiert mich.« Die Beiträge der anderen Kinder zum Bild können so von der pädagogischen Fachkraft bzw. der Lehrkraft aufgegriffen werden, dass negative Bemerkungen oder allzu eindeutige Interpretationen umformuliert werden und somit eine größere Öffnung erhalten. Beispielsweise: Kind X: »Das da gefällt mir nicht.« Könnte umgeformt werden in: »X, da ist dir etwas aufgefallen, was du anders gestaltet hättest. Mich interessiert nun, wie du, Y, diesen Bildteil siehst? – wenn Kind Y dazu nichts zu sagen hat, könnte die päd. Fachkraft oder Lehrkraft ihren eigenen wertschätzenden Eindruck über den Bildaspekt, den Kind X angesprochen hat, einbringen. Dieser Eindruck wird neben die Beiträge gestellt, die X und Y vorgebracht haben.

Materialliste für die Malaktion:

- Malwände, Kinderstaffelei oder mit Folie abgedeckte Tische
- Papier (Din A3 und größer)
- Kleister
- Gouache Tempera Kindermalfarbe
- Weiße Pappteller

Foto: A. Wegener

Gemeinsam ein Friedenslied auf Ivrit (Hebräisch) singen

Zum Ausklang und zur beruhigenden Erdung nach dieser schweren Bildbuchszene ist ein gemeinsam gesungenes Lied zu Frieden eine vereinende und hoffnungsgebende Aktivität für die KiTa-Gruppe. Es gibt ein Friedenslied auf Ivrit. Es heißt Schalom – Frieden (Die Melodie kann man sich auf der Homepage vom Ariella Verlag anhören, gesungen von Nikola David)

Hewenu Schalom Aleichem

Hebräisch

Hevenu shalom alejchem,
Hevenu shalom alejchem,
Hevenu shalom alejchem,
Hevenu shalom shalom,
Shalom alejchem.

Deutsch

Wir wollen Frieden für alle,
wir wollen Frieden für alle,
wir wollen Frieden für alle,
wir wollen Frieden, Frieden,
Frieden für die Welt.

Englisch

May there be peace in the world...
peace, peace, peace, peace
all over the world.

Französisch

Nous voulons paix pour le monde,
paix pour tout le monde.

Italienisch

Vogliamo pace per tutti,
pace per ogni.

Doppelseite 11:
Miteinander in Verbindung bleiben – einander verstehen

Inhalt:

Nach vielen Jahren haben dann die beiden Freunde Selma und Anton einander wiedergefunden.

Bildelemente:

Dialogisches Mit-Erzählen:

Impulsfragen:

- Wie haben sich Selma und Anton wiedergefunden?
- Wie fühlen sich Selma und Anton, wenn sie davon berichten, dass sie einander wiedergefunden haben? Könnt Ihr es an den Gesichtern erkennen?
- Was fühlen Tom und Miri, wenn sie die Geschichte hören?
- Was fühlt Ihr?

Nachdenk-Gespräch (Philosophieren und Theologisieren):

Thema: »Miteinander in Verbindung sein – einander verstehen«
Impulsfragen:

Selma und Anton haben einander über das Telefon wiedergefunden.

- Wie haltet Ihr Verbindung zu Menschen, die Euch wichtig sind? (Handytelefonat, Videotelefonie, SMS, Twitter, Facebook, Videokonferenzsystem, etc.)
- -Kann man mit Menschen befreundet sein, die andere Meinungen haben?
- Kann man mit Menschen, befreundet sein, die an einen anderen Gott glauben?
- Kann man mit jemandem befreundet sein, den man ausschließlich über die neuen Medien kennt?
- Kann man einander besser verstehen, wenn man direkt miteinander spricht oder kann man sich genauso gut verstehen, wenn man telefoniert oder einander Videosequenzen zusendet?
- Wenn ich Gott eine Videobotschaft senden könnte, was würde ich ihm mitteilen?

Herausforderungen:

Hier kann die Moderation etwas über das Medienverhalten der Kinder erfahren. Die Herausforderung ist hier, zuzuhören und zu verstehen, was die Nutzung der neuen Medien für die Kinder bedeuten und ob sie zum gegenseitigen Verständnis beitragen können.

Chancen:

Pädagogische Fachkräfte und Lehrkräfte erfahren mehr über das Medienverhalten der Kinder und können daran passgenau Bildungsangebote anschließen.

Wissen:

An dieser Stelle richtet sich der Wissensimpuls wiederum eher an die pädagogischen Fachkräfte in Kitas und Lehrkräfte in Schulen. Gemeinsam im Lehrer*innen- bzw. Fachkräfte-Team könnten Möglichkeiten ausgelotet werden, wie Sie die Medienkompetenz der Kita-Kinder und Schüler*innen weiterentwickeln können. Das Thema Fake News steht hier nicht im Zentrum. Es kann jedoch sein, dass Kinder in der Beschäftigung mit diesem Kapitel diesen Themenbereich von sich aus ansprechen. Allgemein finden sich für Schulkinder, die bereits Lesefähigkeit erworben haben, seriöse Informationen zum Thema auf KIKA.

Gestalten:

1. Mit einfachen Mitteln kann ein Bechertelefon hergestellt werden. Die Kinder können einmal ausprobieren, was Selma und Anton miteinander besprochen haben, wenn sie sich zum ersten Mal nach langer Zeit wieder hören. Die Kurzdialoge können aufgenommen werden.

2. Mit Grundschüler*innen könnte aus den Kurzdialogen ein kleines Hörspiel entwickelt werden, indem sie die Vorgeschichte erzählen, aufnehmen und dann verschiedene Kurzdialoge vom ersten Wiederhören einspielen. Das Projekt ›Ohrenspitzer‹ bietet für Hörspielprojekte in Schulen Indoor-Kurse für Schulklassen an. (https://www.ohrenspitzer.de/)

3. Schreibvorlage: Selma und Anton sprechen nach langer Zeit wieder miteinander. Was sind ihre ersten Worte. Selma und Anton werden am Telefon gezeichnet, mit großen Sprechblasen versehen.

Bechertelefon

Das brauchst du:

- 2 saubere Plastik- oder Pappbecher (z. B. Joghurtbecher)
- Mindestens 5 Meter Faden, der sich nicht dehnt (z. B. Paketschnur oder Häkelgarn)
- Näh- oder Sticknadel, Schere

So wird's gebastelt:

1. Fädele den Faden zuerst durch das Nadelöhr deiner Nadel
2. Stich mit der Nadel von außen ein Loch in die Mitte des Becherbodens
3. Zieh die Nadel mit Faden vorsichtig auf der Innenseite des Bechers heraus
4. Mach mindestens einen kräftigen Knoten in den Faden, damit er nicht durch das Loch rutschen kann → Der Knoten ist im Becherinneren
5. Rolle mindestens 5 Meter vom Faden ab und schneide ihn ab
6. Mit dem Fadenende machst du nun das gleiche mit dem zweiten Becher
7. Die Becher sind nun mit dem Faden verbunden und die Innenseiten »gucken sich an«

So funktioniert's:

Damit das Bechertelefon funktioniert, muss der Faden immer straff gespannt sein. Also stellt euch so weit voneinander weg, wie der Faden lang ist.
Nun kann eine(r) von euch in den Becher hineinsprechen, während der/die andere sein Ohr an seinen Becher hält und lauscht. Natürlich funktioniert das auch umgekehrt. Viel Spaß beim Telefonieren!

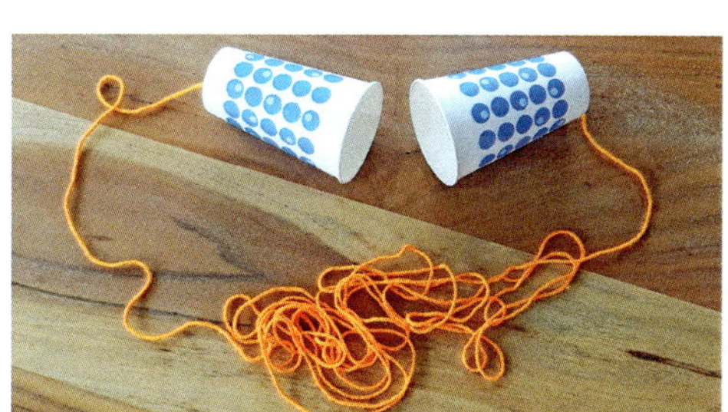

Fotos: A. Wegener

Doppelseite 12: Ohne Angst verschieden sein dürfen – Das Leben feiern

Inhalt:

Selmas Geburtstagsgäste sind eingetroffen. Das Fest beginnt.

Bildelemente:

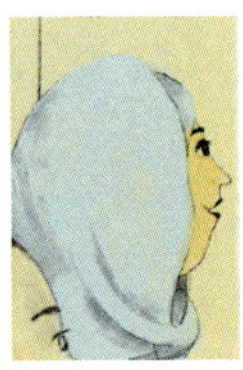

Dialogisches Mit-Erzählen:

- Wer ist auf diesem Bild mit wem gut bekannt? Woran erkennt man das?
- Beschreibt die einzelnen Situationen.
- Wieviel Tiere gibt es im Bild?
- Einige Personen tragen eine Kippa.

Nachdenk-Gespräch (Philosophieren und Theologisieren):

Thema: »Das Leben feiern«
Impulsfragen:
Wir haben eine Geschichte gehört von Selma und von Anton, die viele schwere Dinge in ihrem Leben erlebt haben. Jetzt feiert Selma ihren Geburtstag.

- Was meint Ihr: Wie fühlt sich Selma an ihrem Geburtstag?
- Was feiert Ihr für Feste?
- Wie fühlt Ihr Euch, wenn ihr ein Fest feiert?
- Welche Feste gefallen Euch am besten?
- Gibt es langweilige Feste? Sind das dann überhaupt noch Feste?
- Man sagt: »Mit einem Fest feiert man das Leben!« Könnt Ihr etwas mit dem Satz anfangen?
- Ist das Leben »schön«?
- Hat Gott uns das Leben geschenkt?

Herausforderungen:

Die Herausforderung ist, dass einige Kinder vielleicht Erfahrungen von rauschenden Festen berichten und andere Kinder eventuell glauben, nicht mithalten zu können.

Eine weitere Schwierigkeit wäre, wenn man als Moderatorin bestimmte Antworten erwartet. Es kann sein, dass die Kinder mit bestimmten Fragen nichts anfangen können. Dann ist das so. Es gibt aber auch immer wieder die Überraschung, dass man es in der Kita mit einer Frage versucht, von der man nicht ganz überzeugt ist, die von den Kindern aber angenommen wird. Hier sollte man eine offene Haltung einnehmen, versuchsweise auch einmal etwas Schwieriges oder vielleicht auch etwas »Schräges« einbringen und sich überraschen lassen.

Chancen:

Die Chance besteht darin, wieder zu erfahren, was die Kinder beschäftigt, worüber sie sich freuen. Die Kinder untereinander werden in den Nachdenk-Gesprächen die Vielfalt in der Gruppe schätzen lernen.

Wissen:

Hier kann man sich über jüdische Feiertage informieren. Es wird im Judentum sehr fröhlich gefeiert. Auch ernste Feiertage münden in ein gemeinsames Essen ein. Das Zusammensein mit Verwandten, Freunden und Bekannten, das gemeinsame Zubereiten von Speisen und das gemeinsame Essen wird im Judentum sehr gern zelebriert. Am Ende einer Mahlzeit wird gern ein Dankgebet mit sehr fröhlichen Melodien gesungen. (Siehe Seiten 91 ff.)

Gestalten:

Auf dem letzten Bild im Bilderbuch sprechen viele Menschen miteinander. Was meint Ihr: Was sagen sie zueinander?

Entwerft Dialoge.

- Illustration: Figuren mit Sprechblasen versehen
- Arbeitsauftrag: Nutzt das Arbeitsblatt und schreibt in die Sprechblasen hinein, was die Personen zueinander sagen.
- Nehmt diese Dialoge mit einem Mikrophon auf und spielt sie den anderen Kindern in der Kita oder der Schulklasse vor.

Es gibt ein Lied in hebräischer Sprache, das sehr passend für die Stimmung auf diesem Bild ist. Es lautet Hine Ma Tov. (Die Melodie kann man sich auf der Homepage vom Ariella Verlag anhören, gesungen von Nikola David)

Hine Ma Tov

Fast 100 Jahre alte Übersetzung: Siehe, wie fein und lieblich ist's, wenn Brüder einträchtig beieinander wohnen. Freie Übertragung: Schau mal, es tut so gut, wenn Freunde einträchtig beieinander sind.

Anhang:

Hintergrundinformations-Texte:

Diese Texte sind zunächst für pädagogische Fachkräfte in Kitas und für Lehrende an Grundschulen gedacht.

Die Texte der Rubrik 1 bieten erste Formulierungshilfen an. Hochkomplexe geschichtliche Sachverhalte werden in einfacher Sprache dargelegt. Dabei wird der Versuch unternommen, trotz einer einfachen Ausdrucksweise, die historischen Sachverhalte nicht zu verkürzen. Diese Formulierungshilfen können pädagogische Fachkräfte in Kitas und Lehrkräfte an Grundschulen dabei unterstützen, auf weiterführende Fragen von Kindern einzugehen und mit Kindern ins Gespräch zu kommen zu Themen, die durch dieses Bilderbuch angestoßen werden und über den Fokus ›Antisemitismus‹ hinausweisen.

Die Hintergrundinformations-Texte in der Rubrik 2 wurden auf einem Sprachlevel verfasst, der sich Kindern erst durch intensive methodische Vermittlung von pädagogischen Fachkräften und Lehrkräfte erschließen kann.

Zur Vertiefung der angesprochenen Themenbereiche werden für das Selbststudium jeweils einige ausgewählte Literaturhinweise gegeben, die keine unmittelbaren Rückschlüsse auf die Einstellung der Verfasserin dieser Handreichung zulassen, sondern vielmehr eine Bandbreite an Positionen zu den angesprochenen Debatten zumindest ansatzweise aufzeigen wollen.

Die Hintergrundinformations-Texte sollen pädagogische Fachkräfte in Kitas und Lehrende an Grundschulen dazu anregen, selbst kurze erklärende Texte zu verfassen. Bei der Verwendung dieser Texte, müssen pädagogische Fachkräfte und Lehrende immer wieder überprüfen, wie diese Erklärungen von den Kindern aufgenommen werden konnten.

In Zukunft bedarf es sicherlich kontinuierlich spezifischer Fortbildungsangebote, die pädagogische Fachkräfte und Lehrende an Grundschulen dabei unterstützen, weiterführende angemessene Antworten auf Fragen von Kindern zu geschichtlichen, sozialen und politischen Hintergründen des Themas Antisemitismus in Vergangenheit und Gegenwart geben zu können.

Hintergrundinformations-Texte als Formulierungshilfen

Hochkomplexe geschichtliche Sachverhalte werden in einer Sprache dargelegt, die in Satzbau und Wortschatz von Kindern erschließbar ist.

Kurze Geschichte des Judentums

Das Judentum ist eine sehr alte und ehrwürdige Religion. Sie ist älter als das Christentum und älter als der Islam.

Im Judentum glauben die Menschen an einen einzigen, guten Gott. Gott ist fair und liebevoll, heißt es im jüdischen Glauben. Dieser Gott liebt alle Menschen. Im jüdischen Glauben ist man davon überzeugt, dass Gott mit allen Juden Freundschaft geschlossen hat. Als sie sich vor langer Zeit aus der Sklaverei in Ägypten befreit hatten, glaubten sie: Das hat mit unserem Glauben zu tun, dass wir den Mut hatten, aufzubrechen und frei zu sein.

Jüdische Menschen wollen sich deshalb Gott zum Vorbild nehmen. Sie wollen fair und liebevoll handeln.

Nach dem Auszug aus Ägypten bauten die von dort Geflüchteten ein kleines Königreich auf und nannten es Israel. Die Menschen, die dort lebten, nannten sich später Juden.

Das Judentum ist eine Weltreligion geworden, die im Nahen Osten ihren Anfang nahm. Sie schrieben die Geschichten ihres Glaubens auf. Daraus entstand die Hebräische Bibel, die als Altes Testament, den 5 Büchern Moses, auch Ursprung und Teil der Bibel des Christentums ist.

Das kleine Land wurde immer wieder von Armeen mächtiger Reiche erobert und besetzt. Immer wieder mussten jüdische Menschen fliehen, während andere in Israel blieben.

Die Geflohenen zogen in ferne Länder und kamen auch nach Europa. In Südeuropa nannten sie sich Sefarden und in Osteuropa Aschkenasim.

Ihren fairen und liebevollen Gott nahmen sie in ihren Herzen und in der Bibel mit. Jüdische Männer und Frauen arbeiteten in der neuen Heimat. Sie unterstützten das Land, in dem sie lebten, dabei, sich gut zu entwickeln. Sie waren Bauern und Bäuerinnen. Sie betrieben ein Handwerk. Sie wurden Kaufleute und Gelehrte.

Menschen, die sich besonders gut in der Hebräischen Bibel und anderen jüdischen Schriften auskannten, wurden zum Rabbiner erwählt. Man übertrug ihnen die Leitung der Gottesdienste in den Synagogen.

Oft ging es gerade den Ländern besonders gut, in denen Religionen friedlich miteinander lebten.

Das gilt auch heute noch.

Literaturhinweis:

Brenner, M. (2008): Kleine jüdische Geschichte, Lizenzausgabe für die Bundeszentrale für politische Bildung, Bonn: Bundeszentrale für politische Bildung (bpb)

Stemberger, G. (2009): Das klassische Judentum. Kultur und Geschichte der rabbinischen Zeit, München: C.H. Beck Verlag

Kaplan, M. A. (1981): Die jüdische Frauenbewegung in Deutschland. Organisation und Ziele des Jüdischen Frauenbundes 1904–1938, Hamburg Hans Christians Verlag

Cohen, M. R. (2011): Unter Kreuz und Halbmond. Die Juden im Mittelalter, München: C.H. Beck Verlag, 2. Auflage

Jüdische Feste

Das Judentum ist eine dem Leben zugewandte Religion. Im Jahreskreis werden diese Feste gefeiert. Juden und Jüdinnen treffen einander in der Synagoge und feiern gemeinsam diese Feste. An einigen Tagen nimmt man sich frei und an anderen geht man in Feierlaune in die Kita, die Schule oder zur Arbeit:

Der jüdische Jahreskreis beginnt im September mit Rosch Ha-Schana. Dies ist ein ernster Auftakt in ein neues religiöses Jahr. 10 Tage nimmt man sich Zeit, in der Synagoge aber auch daheim immer einmal wieder über das eigene Leben nachzudenken. Man fragt sich: Bin ich auf einem guten Weg in meinem Leben? Gibt es Dinge, die ich nicht so gut gemacht habe? Sollte ich mich vielleicht bei jemandem entschuldigen? Was ist mir gut gelungen? Zu Rosch Ha-Schana kommen bei allem ernsthaften Nachdenken auch Vorfreude auf das neue Jahr auf. Man wünscht sich gegenseitig, es möge ein richtig gutes Jahr werden. Daheim bei Tisch werden Apfelspalten in Honig getaucht und genüsslich verspeist: So süß soll das neue Jahr werden!

Es folgt nach 10 Tagen Jom Kippur, der Versöhnungstag. Wenn man es schafft, fastet man den ganzen

Tag und trinkt auch nichts zwischendurch. Wer nicht gesund ist, muss das aber nicht durchhalten. Es geht darum, sich zu bemühen und darum, sich zu konzentrieren. In der Synagoge wird viel gesungen und es werden sehr viele Gebete gesprochen. Wenn man vorher versucht hat, die Dinge, die nicht so gut gelaufen sind und die man selber ändern kann, zu verbessern, dann kann man nach Jom Kippur gestärkt in ein neues Jahr gehen.

Daran schließt sich Sukkot an, das achttägige Laubhüttenfest. Die Hebräische Bibel erzählt davon, dass jüdische Menschen nicht immer in festen Häusern gelebt haben. Sie sind beweglich geblieben, um ihrem Gott zu folgen. Im eigenen Garten oder bei der Synagoge werden kleine Hütten aufgebaut, die an drei Seiten geschlossen und an einer Seite offen sind. Das Dach ist mit Zweigen und Blättern ausgelegt, durch die hindurch man spät abends die Sterne sehen kann. In der Laubhütte besucht man einander, isst die Mahlzeiten draußen und ist fröhlich miteinander.

Sukkot endet mit dem Fest Simchat Tora. Das ist ein reines Freudenfest, an dem sich Juden und Jüdinnen dankbar daran erinnern, dass sie in der Tora lesen können. Die Tora sind die ersten fünf Bücher der Hebräischen Bibel. Da stehen viele spannende Geschichten drin. Man erfährt auch ganz viel darüber, wie jüdische Menschen früher gelebt haben und welche Regeln und Traditionen auch heute noch für jüdische Menschen wichtig sind. Einmal im Jahr hat man die Tora ganz durchgelesen. An Simchat Tora beginnt man erneut ganz am Anfang der Tora darin zu lesen. Die Tora ist so reichhaltig an Geschichten und Einsichten, dass es immer wieder etwas Neues zu entdecken gibt.

Zu Chanukka wird das Lichterfest begangen. Vor langer Zeit gab es einen Herrscher, der wollte die jüdische Religion abschaffen. Dagegen haben sich jüdische Männer und Frauen gewehrt und sie haben gewonnen. Aus Freude über den Sieg haben sie ein wenig Öl gesammelt und ein Licht entzündet. Es war nur sehr wenig Öl da, aber es hat doch, so die Erzählung, acht Tage lang gebrannt. Daran erinnert das Lichterfest. Acht Tage lang wird an jedem Tag eine Kerze mehr auf dem Leuchter entzündet. Jede Kerze macht deutlich, dass es sich lohnt, sich dafür einzusetzen, dass Religion frei gelebt werden kann.

Tu Bi'Schwat ist das Fest der Bäume. Bei diesem Fest nimmt man ganz besonders die Natur wahr. Man empfindet Dankbarkeit für das Wachstum der Bäume und das Gedeihen in der Natur.

Purim ist das Losfest. Haman, der unsympathische Verwalter eines Königs vor langer Zeit, konnte jüdische Menschen nicht leiden. Weil er abergläubisch war, versuchte er mit Würfeln herauszubekommen, wann wohl der beste Tag sein könnte, Juden und Jüdinnen anzugreifen. Derweil trat die Frau des Königs, die selber Jüdin war, tapfer auf den König zu und versuchte zu verhindern, dass Haman sein böses Werk umsetzen konnte. Die Königin Esther hatte Erfolg. Haman konnte den Juden und Jüdinnen kein Haar krümmen. Diese Geschichte wird in der Synagoge vorgetragen und immer wenn der Name Haman in der Geschichte vorkommt, darf man in der Synagoge mal so richtig Krach machen. Dafür bringen alle etwas mit, das Krach macht, eine Ratsche, eine Partytröte oder sie rufen einfach laut »Buh!«. Danach wird in der Gemeinde gut gegessen und weitergefeiert. Erwachsene und Kinder haben sich verkleidet. Es werden Musikinstrumente ausgepackt und es darf getanzt werden.

Zu Pessach wird gefeiert, dass Menschen die Kraft finden, sich aus schwierigen Verhältnissen zu befreien. Einst waren jüdische Vorfahren in Ägypten versklavt worden. Moshe oder Moses, wie er auch genannt wird, hat sich sehr dafür eingesetzt, dass die Sklaverei nicht länger hingenommen wird. Pessach ist das Fest der Befreiung. Es wird mit einem ganz langen Festessen zelebriert. Auch kleine Kinder bleiben an diesem Tag lange auf und feiern mit.

Eine Befreiung zu erleben ist eines, dann aber muss man auch lernen, frei zu sein. Dies ist die Botschaft des Omer-Zählens. 40 Tage lang hat man Zeit sich immer mal wieder zwischendrin zu überlegen, was es eigentlich heißt frei zu sein. Heißt Freiheit wirklich: Ich kann immer alles machen, was ich will? Das klingt zunächst gut. Aber verliere ich nicht alle Freunde, wenn ich es so mache? Alle müssen ja immer all das machen, was ich will. Dann sind die anderen für mich wie Sklaven. Ich bin frei und die anderen sind es auch. Unsere Freiheiten müssen gut zusammenpassen. Darüber muss man viel nachdenken und sich miteinander austauschen. Schließlich kommt man zu gemeinsamen Regeln. Das braucht Zeit.

Am Ende der 40 Tage steht das Fest Schawuot. Es ist das Fest der Tora-Übergabe. Hier wird der sehr weise Gedanke gefeiert, dass für ein gutes Zusammenleben in Freiheit, gute Regeln wichtig sind. Diese guten Regeln wurden durch die Tora übergeben. Erst durch diese Regeln, die, wie es heißt, vom Volk Israel freiwillig übernommen wurden, sind die Israeliten erst wirklich frei geworden.

Diese Freiheit in der jüdischen Religion sollen jüdische Menschen und alle, die mit ihnen zusammen sind, jede Woche einmal genießen können. Weil wir nicht immer nur Arbeiten müssen, weil wir keine Sklaven sind, deshalb arbeiten wir an 6 Tagen in der Woche und der siebente Tag, der Schabbat, ist frei. Da haben wir Zeit für alles, was uns wirklich wichtig ist im Leben, für Gott und die Welt. Das ist die Botschaft von Schabbat. Der Schabbat beginnt am Freitagabend bei Sonnenuntergang und kann bis zum Samstagabend genossen werden.

Literaturhinweis:

Nachama, A. et al. (2015): Basiswissen Judentum, Freiburg/Basel/Wien: Herder Verlag

Rothschild, W. L. (2009): Der Hong und der Stachel. Das Judentum – erklärt für alle, die mehr wissen wollen, Gütersloh: Gütersloher Verlagshaus

Lau, Israel, M. (2014): Wie Juden leben. Glaube, Alltag, Feste, Gütersloh: Gütersloher Verlagshaus

Solomon, N. (2014): Judaism. A Very Short Introduction, Oxford: University Press

Antisemitismus auf den Punkt gebracht

Das Judentum ist eine alte und ehrwürdige Religion. Sie ist älter als das Christentum und auch älter als der Islam.

Vielen Menschen gefiel das Judentum. Der jüdische Glaube an den fairen und liebevollen Gott beeindruckte sie.

Andere Menschen lehnten diesen Glauben ab. Es war ungefähr im Jahr Null, nach unserem heutigen Kalender, als das Römische Weltreich über viele Länder herrschte. Auch das kleine Land Israel war besetzt von römischen Truppen. Die Römer brachten ihre Religion mit verschiedenen unterschiedlichen Göttern mit. Sie wollten, dass alle Untertanen auch ihren Kaiser wie ein Gott verehren.

Dagegen wehrten sich jüdische Gläubige. »Wir sind Juden. Wir haben einen Gott. Dem bleiben wir treu.«, sagten sie.

Die Römer entwickelten Vorurteile gegenüber allen Juden. Sie dachten: »Widerspricht uns ein Jude, dann könnten alle Juden widerspenstig sein.«

Unter römischer Herrschaft entwickelte sich ganz allmählich aus dem Judentum noch eine andere Religion aus, das Christentum. Schon die ersten Christen wollten, dass alle Juden zu Christen werden. Das lehnten jüdische Gläubige ab. Die ersten Christen waren sehr enttäuscht. Viele von Ihnen waren selbst Juden gewesen und schrieben Positives über das Judentum in ihren religiösen Schriften. Aber sie stellten auch negative Behauptungen über jüdische Menschen in ihre Schriften auf. Der schlimmste Vorwurf lautete: Die Juden sind schuld am Tod von Jesus Christus.

Das stimmte nicht!

Römische Machthaber hatten Jesus zum Tod verurteilt und hingerichtet. Sie allein hatten damals die Befehlsgewalt.

Aber: Der Vorwurf vom Mord an Jesus war nun einmal in die Welt gesetzt.

Diese falsche Vorstellung wurde im Laufe der Geschichte immer heftiger vorgebracht. Die Erzählung von der ›jüdischen Schuld‹ wurde größer und größer. Alle Juden sollten an Jesu Tod schuld sein – auf ewig.

Verrückte Ideen von Verschwörung tauchten auf. Hinter vorgehaltener Hand flüsterte man sich zu: »Habt Ihr schon gehört? Die Juden haben Jesus umgebracht. Denen ist alles Böse zuzutrauen. Die wollen auch uns zerstören. Alle Juden sind schlecht.« »Sind denn auch alle jüdischen Kinder schlecht?«, wurde zurückgeflüstert. Die Antwort kam sofort: »Ja, auch die Kinder!«

Das ist Judenfeindschaft. Heute nennen wir dies Antisemitismus: Angeblich sollen alle jüdischen Menschen Feinde aller anderen Menschen sein.

Kann das stimmen?

Natürlich nicht!

Wer das glaubt, hat einen schlechten Glauben. Da fragt man nicht mehr nach der Wahrheit.

So kann überall auf der Welt Hass entstehen gegen jüdische Menschen. Jüdische Menschen können noch so nett sein, sie werden trotzdem gehasst. Dieser Hass bleibt auch, wenn kein einziger Jude und keine einzige Jüdin da sind. Antisemitismus ist ein grundloser, verrückter Hass. Antisemiten hassen jüdische Menschen, weil sie jüdisch sind. Dass Menschen noch viel mehr sind, als man mit einem einzigen Wort beschreiben kann, wollen Antisemiten und Antisemitinnen nicht wahrhaben. Die ganz unterschiedlichen Eigenschaften, die ein Mensch hat, verschwinden für Antisemiten und Antisemitinnen hinter diesem einen Wort ›jüdisch‹. Dieser Hass macht blind für die Wirklichkeit.

Deshalb ist Antisemitismus für alle Menschen sehr gefährlich. Dieser verrückte Hass auf jüdische Menschen kann schließlich dazu führen, dass man alle Menschen hasst.

Antisemitismus ist auch für Erwachsene ein schwieriges Thema. Die religiös bzw. quasireligiös grundierte Verschwörungsidee macht den Antisemitismus so gefährlich und vielfältig. Die Vorstellung, dass ein einziger ›Jude‹ bereits ausreicht, das zu zerstören, was jeweils in einer Gesellschaft als das Allerwichtigste gilt, kann immer wieder neue Formen annehmen. Letztlich trägt Antisemitismus in jeder Form den Gedanken oder gar die Aufforderung zur Vernichtung in sich. Antisemitismus in seiner vollen Ausprägung als Vernichtungsvorstellung richtet sich gegen als ›Juden‹ markierte Menschen jeden Alters.

Literaturhinweis:

Bernstein, J. (2020): Antisemitismus an Schulen in Deutschland. Befunde, Analysen, Handlungsoptionen, Weinheim/Basel: BeltzJuventa

Blume, M. (2019): Warum der Antisemitismus uns alle bedroht. Wie neue Medien alte Verschwörungsmythen befeuern, Ostfildern: Patmos

Feuerherdt, A. / Markl/F. (2018): Vereinte Nationen gegen Israel. Wie die UNO den jüdischen Staat delegitimiert, Berlin: Hentrich & Hentrich

Kölsch-Bunzen, N. (2022): Gut aufgestellt gegen Antisemitismus? Die Förderung von Antisemitismusprävention in Kindertagesstätten und Schulen durch Kinderbibeln, Kinderkorane und Schulbücher, Weinheim/Basel: BeltzJuventa

L'Amour Lalove, P. (2017): Beiss-Reflexe. Kritik an queerem Aktivismus, autoritären Sehnsüchten, Sprechverboten, Berlin: Querverlag

Nirenberg, D. (2015): Antijudaismus. Eine andere Geschichte des westlichen Denkens, München: C.H.Beck Verlag

Salzborn, S. (2010): Antisemitismus als negative Leitidee der Moderne. Sozialwissenschaftliche Theorien im Vergleich, Frankfurt a. M. / New York: Campus Verlag

Schwarz-Friesel, M. / Reinharz, J. (2013): Die Sprache der Judenfeindschaft im 21. Jahrhundert, Berlin/Boston: De Gruyter

Die Nazis und der Zweite Weltkrieg

Das deutsche Kaiserreich hatte den Ersten Weltkrieg verloren, genauso wie Österreich und das Osmanische Reich. Der deutsche Kaiser gab seine Kaiserkrone ab.

Viele Bürger und Bürgerinnen wollten Frieden und sie wollten Demokratie. Sie wählten zum ersten Mal in ihrem Leben ihren Kanzler selbst. Die Weimarer Republik entstand, die erste Demokratie in Deutschland.

Deutschland sollte für die Schäden, die im Krieg in anderen Ländern angerichtet wurden, eine Wiedergutmachung leisten. Das kostete am Anfang viel Geld. Später wurden Deutschland die Schulden erlassen.

Nicht alle Deutschen wollten Frieden. Sie konnten es nicht ertragen, dass sie einen Krieg verloren hatten. Sie schauten nicht nach vorn in die Zukunft, sondern ärgerten sich über die Vergangenheit. Sie meinten: Es muss nur ein neuer Krieg begonnen werden. Den werden wir gewinnen.

Die junge Demokratie in Deutschland musste viele Aufgaben bewältigen: Nach dem Krieg gab es viele arme Menschen. Die brauchten etwas zu essen und ein Dach über dem Kopf. Kinder wollten in die Kita oder zur Schule gehen. Männer und Frauen wollten wieder arbeiten und Geld verdienen.

Es gab Zeiten, da war ihr hart verdientes Geld kaum etwas wert.

Deutschland war nicht beliebt bei anderen Staaten, weil es den Ersten Weltkrieg maßgeblich mit ausgelöst hatte.

Doch dann wurde Deutschland wieder in die Gemeinschaft der Völker aufgenommen. Man begann langsam, Deutschland wieder zu vertrauen.

Die Menschen jedoch, die einen neuen Krieg wollten, ließen nicht locker. Sie sprachen nur über alles, was sie in Deutschland schlecht fanden, nie über etwas Gutes.

In einer Partei fanden sich diese Menschen zusammen. Die Partei hieß Nationalsozialistische Partei Deutschlands. Mitglieder und Unterstützer nannte man kurz Nazis.

Als die Nazis sich ein letztes Mal zur Wahl stellten, wollten weniger als die Hälfte aller Deutschen sie an der Macht haben. Da schlossen sich andere Parteien den Nazis an. So wurde den Nazis die Macht übertragen. Die Zeit der Demokratie wurde für beendet erklärt. Eine Diktatur wurde errichtet.

Führer der Nazis war Adolf Hitler. Er behauptete, er könne alles in Deutschland bestimmen. Aber das hätte er nie geschafft, wenn ihm nicht so viele andere Nazis unterstützt hätten. Weil die Nazis die Macht im Land hatten, traten viele Deutsche in die Partei ein, um einen Vorteil aus der Mitgliedschaft zu ziehen. Sie unterstützten die Nazis. Andere wollten nichts dagegen unternehmen und schauten einfach zu. Nicht viele Deutsche waren gegen die Nazis und noch weniger Menschen nahmen den Kampf gegen die Nazis auf. Deutschland war zu einem Nazi-Land geworden.

Adolf Hitler und die anderen Nazis wollten Krieg. In großen Fabriken wurden sehr viele Pistolen, Gewehre, Panzer, Kriegsschiffe, U-Boote und Kampfflugzeuge gebaut.

Das machte Menschen in anderen Ländern Angst. Sie wollten keinen Krieg und griffen deshalb auch zunächst nicht ein, als deutsche Armeen begannen, Nachbarländer zu überfallen. Immer mehr Länder wurden von Deutschland aus angegriffen und wehrten sich. Die deutsche Armee zog nach Westen und nach Osten, nach Norden und nach Süden. Deutschland löste den Zweiten Weltkrieg aus. Italien, Österreich und Japan kämpften mit Deutschland. Dieser Krieg dauerte von 1939 bis 1945. Sehr viele Menschen wurden in diesem Krieg umgebracht. Armeen aus den USA, England, Frankreich und der Sowjetunion konnten diesen schlimmen Krieg beenden.

Einige Nazis kamen vor Gericht und wurden verurteilt, denn sie hatten diesen Krieg angefangen. Im Westen von Deutschland entstand eine Demokratie, die Bundesrepublik Deutschland, im Osten von Deutschland eine Diktatur, die DDR.

Literaturhinweis:

Kellmann, K. (2019): Dimensionen der Mittäterschaft. Die europäische Kollaboration mit dem Dritten Reich, Wien/Köln/Weimar: Böhlau Verlag

Neitzel, S. (2011): Soldaten. Protokolle vom Kämpfen, töten und Sterben, Frankfurt a. M.: S.Fischer Verlag, 5. Auflage

Tooze, A. (2007): Ökonomie der Zerstörung. Die Geschichte der Wirtschaft im Nationalsozialismus, München: Pantheon Verlag

Wette, W. (2013): Die Wehrmacht. Feindbilder, Vernichtungskrieg, Legenden, Frankfurt a. M.: Fischer Tb, 2. Auflage

Die Nazis und die Kinder

Wenn viele Erwachsene etwas gut finden, dann ist es für Kinder schwer, sich eine eigene Meinung zu bilden. Viele deutsche Erwachsene fanden Nazis gut – aber nicht alle. Auch viele Kinder fanden Nazis gut – aber nicht alle.

Kinder wurden dazu aufgefordert, ihre Eltern zu bespitzeln. Kritische Bemerkungen ihrer Eltern gegen die Nazis sollten die Kinder an ihre Betreuerinnen in den Kitas und an die Lehrkräfte an ihren Schulen weitergeben.

Die Nazis wollten einen neuen Krieg beginnen. Und: Die Nazis wollten, dass alle Deutschen sich für den Krieg begeisterten.

Kinder in der Kita und in der Schule sollten früh lernen, Krieg zu spielen. Und: sie sollten wie die Erwachsenen lernen, jüdische Menschen zu hassen.

Kinder sollten Lieder singen über den Krieg und über den Hass auf Juden. Kinder sollten kleine Soldaten werden.

Die Nazis forderten: »Kinder sollen hart werden wie Stahl, zäh wie Leder und schnell wie Windhunde.«

Das waren unsinnige Ziele. Viele Kinder versuchten dennoch hart, zäh und schnell zu werden – aber nicht alle Kinder.

Kinder probierten auch Judenhass aus. Jüdische Schulkinder berichteten später, dass Freundschaften zerbrachen, dass sie auf dem Schulweg und in der Klasse von anderen Kindern beschimpft und sogar geschlagen wurden. Eltern der nicht-jüdischen Kinder, Lehrer und Lehrerinnen haben nicht geholfen. Oft haben sie mitgeschimpft und mitgeschlagen.

Literaturhinweis:

Aly, G. (2013): Die Belasteten. ›Euthanasie‹ 1939–1945. Eine Gesellschaftsgeschichte, Lizenzausgabe der Bundeszentrale für politische Bildung, Bonn: Bundeszentrale für politische Bildung (bpb)

Berger, M. (2019): Der Kindergarten im Nationalsozialismus. »Darum beten wir deutschen Kinder: Den Führer erhalte uns Gott«, Göttingen: Cuvillier Verlag

Flessau, K.-I. (2018): Schule der Diktatur. Lehrpläne und Schulbücher des Nationalsozialismus, Frankfurt a. M.: Fischer Tb.

Mann, E. (2011): Zehn Millionen Kinder. Die Erziehung der Jugend im Dritten Reich, Reinbek bei Hamburg: Rowohlt Verlag

Ortmeyer, B. (2000): Schulzeit unterm Hitlerbild. Analysen. Berichte, Dokumente, Frankfurt a. M.: Brandes & Apsel

Ortmeyer, B. 2013(): Indoktrination: Rassismus und Antisemitismus in der Nazi-Schülerzeitschrift ›Hilf mit!‹ (1933–1944), Weinheim/Basel: BeltzJuventa

Stargardt, N. 2008(): Kinder in Hitlers Krieg, München: Pantheon Verlag

Tych, F./Kenkmann, A./Kohlhaas, E./Eberhardt, A. (Hg.) (2009): Kinder über den Holocaust. Frühe Zeugnisse 1944–1948, Berlin: Metropol Verlag, 3. Auflage

Wagner, J.-Ch. (Hg.) (2020): Zwischen Verfolgung und ›Volksgemeinschaft‹. Kindheit und Jugend im Nationalsozialismus, Göttingern: Wallstein Verlag

Die Nazis und die Lügen

Es ist sehr gefährlich, wenn in einem Land Diktatur herrscht.

In einer Demokratie können viel mehr Menschen mitreden. So können Probleme miteinander gelöst werden.

In einer Diktatur ist das anders. Die Macht liegt in den Händen weniger. Die verteidigen ihre eigene Macht. So können Probleme nicht miteinander gelöst werden.

Die Nazis wollten eine Diktatur.

Wenn Gegner und Gegnerinnen der Diktatur Probleme offen ansprachen, wurden sie eingesperrt.

Ungehindert konnten sich Lügen verbreiten.

Es wurde behauptet: Die Nazis lieben Kinder. Frauen sollten ganz viele Kinder bekommen. Das war aber nicht wahr. Wer nur Kinder will, die hart, zäh und schnell sind, und die als Soldaten arbeiten können, der liebt überhaupt keine Kinder.

Es wurde behauptet: Die Nazis schaffen für alle gute Arbeit. Das ist nicht wahr. Die Nazis schufen überwiegend Arbeitsplätze, um Kriegsgeräte herzustellen.

Es wurde behauptet: Die Nazis helfen Familien. Das ist nicht wahr. Jüdische Familien wurden verfolgt. Soldaten wurden in den Krieg geschickt. Familien wurden getrennt. Es herrschte ein Klima der Verunsicherung.

Es wurde behauptet: Bei den Nazis hat Recht und Ordnung geherrscht. Das ist nicht wahr. Der Krieg hinterließ ein Trümmerfeld.

Literaturhinweis:

Brockhaus, G. (1997): Schauder und Idyll. Faschismus als Erlebnisangebot, München: Verlag Antje Kunstmann

Kuchler, Ch, (2014): NS-Propaganda im 21. Jahrhundert: Zwischen Verbot und öffentlicher Auseinandersetzung, Köln: Böhlau Verlag

Wunderlich, S. (2020): Propaganda des Terrors. Plakate des NS-Staates zwischen 1933 und 1945 – Propaganda Posters of the Nazi Terror Regime, deutsch-englische Ausgabe, Berlin: Story Verlag

Die Nazis und die Juden

Hass auf Juden gab es überall auf der Welt. Auch in Deutschland gab es Antisemitismus lange bevor die Nazis die Macht bekommen hatten.

Die Nazis waren Antisemiten. Sie bestärkten diesen verrückten Judenhass im ganzen Land.

Viele Menschen in Deutschland wurden Nazis. Sie zeigten nun offen ihre Feindschaft gegenüber ihren jüdischen Nachbarn, mit denen sie zuvor friedlich zusammengelebt hatten.

Als die Nazis in andere Länder einmarschierten, brachten sie den Hass auf jüdische Menschen mit und verbreiteten ihn.

Solange die Nazis an der Macht waren, haben Judenhasser und Judenhasserinnen sehr viele jüdische Männer, Frauen und Kinder getötet, und zwar aus einem einzigen Grund: Nur weil sie Juden waren.

Den Mord an den Juden nennt man Shoah. Übersetzt bedeutet das: Katastrophe.

Nach dem Ende des Zweiten Weltkriegs versprach die Weltgemeinschaft: Eine Shoah darf es nie wieder geben!

Literaturhinweis:

Friedländer, S. (2006): Das Dritte Reich und die Juden. Gesamtausgabe. Die Jahre der Verfolgung 1933–1939. Die Jahre der Vernichtung 1039–1945, München. Deutscher Taschenbuch Verlag

Klein, P. (2017): Die ›Wannsee-Konferenz‹ am 20. Januar 1942. Eine Einführung, Berlin: Metropol

Longerich, P. (2007): ›Davon haben wir nichts gewusst!‹. Die Deutschen und die Judenverfolgung, München: Pantheon Verlag

Mommsen, H. (2014): Das NS-Regime und die Auslöschung des Judentums in Europa, Göttingen: Wallstein Verlag, 2. Auflage

Hintergrundinformations-Texte für pädagogische Fachkräfte in Kitas und Lehrkräfte an Grundschulen

Vielfältiges Judentum – »A Heart Of Many Rooms«

Es ist sehr wichtig für eine wirksame Präventionsarbeit gegen Antisemitismus, ganz grundsätzlich auf die innere Vielfalt von Religionen hinzuweisen. Genauso wie die beiden anderen ›Buchreligionen‹, Christentum und Islam beispielsweise über verschiedene religiöse Strömungen verfügen, ist dies auch im Judentum der Fall. Es ist wichtig, das Judentum nicht als einen monolithischen Block zu imaginieren. Gegen die Vorstellung von ›dem Judentum‹ kann das Wissen um die faszinierende Vielfalt jüdischen Lebens gesetzt werden.

Micha Brumlik (2009) definiert das Judentum als »Traditionsgemeinschaft, die von einer ethisch hochsensiblen Religion geprägt ist.« (Buchrückseite) Diese Zugehörigkeit zum Judentum wird durch die jüdische Mutter übereignet. Man kann aber auch nach einem intensiven Lernprozess zum Judentum übertreten. Dies erfolgt in freier Wahl. Im Judentum gibt es keine Mission, aus dem Vertrauen heraus, dass jeder Mensch ›ein Gerechter oder eine Gerechte unter den Völkern‹ werden kann.

Wie in anderen Religionen auch, können sich im Judentum die einzelnen Menschen mehr oder weniger mit der Traditionsgemeinschaft verbunden fühlen, sie können mehr oder weniger religiös eingestellt sein.

Gegenwärtig lassen sich im Judentum folgende religiöse Haupt-Strömungen (Denominationen) ausmachen (Rosenthal et al. 2014):

- das orthodoxe/ultra-orthodoxe Judentum,
- das konservative Judentum,
- das progressive/liberale Judentum und
- das rekonstruktionistische Judentum.

Zu beachten ist hierbei: Innerhalb dieser religiösen Strömungen gibt es vielfältige Untergruppierungen und es sind zudem die Übergänge zwischen den Strömungen fließend.

Einteilung in Denominationen – Erste Orientierung im Judentum

David Hartman (2002) greift aus dem Talmud, dem ehrwürdigen Tora-Kommentar, auf und überträgt es auf die derzeitigen verschiedenen Strömungen im Judentum, die nebeneinander fließen, aufeinander zuströmen, zuweilen auch gegeneinander wogen. Er beschreibt das Judentum in seiner inneren Konsistenz und seiner inneren Vielfalt als »A Heart Of Many Rooms« (Buchtitel).

Die Unterschiede zwischen den verschiedenen Strömungen und Richtungen im Judentum sollen hier am Beispiel unterschiedlicher Konzepte der Torah-Interpretation, der Interpretation der ersten fünf Bücher in der Hebräischen Bibel, erläutert werden:

Nach orthodoxer und nach ultra-orthodoxer Interpretation gilt die Tora als das direkt am Sinai überlieferte Wort Gottes, als schriftliche Tora, das in der jüdischen Tradition ausgelegt wurde, als mündliche Tora. Innerhalb dieser Strömung zeigen sich eine Bandbreite hinsichtlich der Beantwortung der Frage, wie Texte in jeweils veränderten Lebensumständen Bedeutung erlangen. Rosenthal et al. (2014) referieren hierzu: »Ultra-orthodoxe Juden bestehen darauf, dass die Gesetze niemals geändert werden können. Gelegentliche Neuinterpretationen stünden außerdem nur den *Gedole ha-Dor* zu, den größten Weisen und Gelehrten in jeder Generation. Dagegen ist man in der Neo-Orthodoxie durchaus der Meinung, dass die Halacha einen bestimmten Auslegungsspielraum eröffne und dass Experten durch kluge Interpretation neue Lösungswege für Probleme erarbeiten könnten.« (160 f.) Orthodoxie und Ultra-Orthodoxie stellen innerhalb des Judentums weltweit die zweitgrößte Strömung dar.

Im konservativen Judentum kommt moderne Textkritik zur Anwendung. Es wird angenommen, dass die Tora bzw. die Hebräische Bibel insgesamt einen Weg der Entwicklung genommen haben. Viele Generationen wirkten an den Texten mit. Aber dennoch können die Texte als göttlich inspiriert gelten. Dem konservativen Judentum ist der Begriff der Offenbarung wichtig, die hier als wechselseitiger Prozess, als Dialog zwischen Gott und Mensch, verstanden wird. Rosenthal et al. (2014) weisen auf die innere Vielfalt auch dieser Strömung des Judentums hin: »Im Allgemeinen hält die konservative Bewegung Halacha und Mitzwot für wichtig. Einige Denker meinen, dass wir mutiger sein und bestimmte Regeln ändern sollten; andere kritisieren das zu schnelle Vorgehen der konservativen Bewegung.« (114) Dem konservativen Judentum gehören weltweit ca. 18 % gläubiger Jüdinnen und Juden an.

Im progressiven/liberalen Judentum wird der geschichtliche Charakter der Offenbarung von Tora, Hebräischer Bibel und rabbinischer Tradition stark akzentuiert. Rosenthal et al. (2014) heben hervor: »In früheren Zeiten hatte Gott Regeln offenbart, die zu jener Zeit sinnvoll und notwendig waren. In unseren Tagen offenbart Gott sich neu durch das Volk Israel, seine Lehrer und Gelehrten. So treffen Tradition und Moderne immer wieder in einem beständigen Auslegungs- und Erfahrungsprozess aufeinander und es entsteht ein weiteres Glied in der Kette der jüdischen Geistesgeschichte.« (80) Das Reformjudentum hebt insbesondere die hohe Bedeutung ethisch-moralischer Forderungen in Tora, Hebräischer Bibel und rabbinischer Tradition hervor. Konsens ist mittlerweile innerhalb dieser Strömung des Judentums, so Rosenthal et al. (2014): »Zwar haben Mitzwot aus der Sicht des liberalen Judentums nach wir vor keine göttliche Verbindlichkeit, doch bereichern sie das religiöse Leben und tragen zur Identitätsbildung als Jüdin oder Jude bei. Das Reform-Judentum ist heute den Traditionen gegenüber sehr aufgeschlossen und positiv eingestellt.« (95) Unterschiede innerhalb dieser Strömung des Judentums ergeben sich hier also aus der jeweiligen Überzeugung und Bereitschaft, jüdische Rituale und Bräuche im Alltag umzusetzen, d. h. der Observanz gegenüber der jüdischen Tradition. Das liberale Judentum ist die größte religiöse Gemeinschaft weltweit mit Schwerpunkt in Nordamerika.

Aus einer rekonstruktionistischen Perspektive des Judentums heraus gelten Tora, Hebräische Bibel und rabbinische Tradition als geschichtliche Zeugnisse der Suche des Menschen nach Gott. Diese besondere Suche jüdischer Menschen nach Gott hat eine vielfältige jüdische Zivilisation hervorgebracht, so der Kerngedanke des Begründers dieser Strömung des Judentums, Mordechai Kaplan. Rosenthal et al. (2014) resümieren: »Kaplan definiert Gott als die Macht oder den Prozess, der menschliche Erlösung und Erfüllung herbeiführt und für die Verwirklichung der höchsten Ideale sorgt, nach denen Menschen streben. Im Grunde glaubt Kaplan zutiefst daran, dass die Menschen (und das Universum, dessen Teile sie sind) in sich eine Kraft oder Macht tragen, die sie dazu veranlasst, nach Idealen wie Gerechtigkeit, Güte und Frieden zu streben. … Diese Kraft nennen wir ›Gott‹.« (133) Zum Rekonstruktionismus zählen ca. 2% der Jüdinnen und Juden weltweit.

Angeregt von diesen Hauptströmungen des religiösen Judentums gibt es im Judentum Menschen, die sich als jüdisch und zugleich als säkular verstehen, indem sie jüdische Traditionen achten, sich aber beispielsweise nicht auf einen Gottesbegriff festlegen wollen. Auch säkulare Jüdinnen und Juden bilden keine einheitliche Gruppierung, sondern leben ihr Judentum auf vielfältige Weise.

Literaturhinweis:

Rosenthal, G. S. et al. (2014): Das Judentum hat viele Gesichter. Eine Einführung in die religiösen Strömungen der Gegenwart, Berlin: Hentrich & Hentrich

Brumlik, M. (2009): Kurze Geschichte Judentum, Berlin: Verlagshaus Jacoby & Stuart

Hartman, D. (2002): A Heart of many rooms; Woodstock: Jewish Lights Publishing

Kindheiten in Deutschland im NS

Im Nationalsozialismus wurden die antijudaistischen und antisemitischen Vorstellungen, die in der deutschen Gesellschaft vorhanden waren, staatlicherseits stark forciert. Jüdische Deutsche machten 1933 höchstens 1 % der deutschen Staatsbürger und Staatsbürgerinnen aus. Die Nationalsozialisten und Nationalsozialistinnen konnten davon ausgehen, dass die antijudaistische und antisemitische Position ein herausragendes Bindeglied sein könnte, auf dass sich weite Teile der Bevölkerung aus verschiedenen Richtungen heraus einstellen konnten. Außerdem brauchte man bei einem derart kleinen Bevölkerungsanteil, der auch in sich höchst vielfältig war, kaum mit Gegenwehr zu rechnen.

Kinder und Jugendliche erfuhren im NS Indoktrination. **Der Hitlerjugend** als Institution unter dem Dach der Reichsjugendführung kam hier eine große Bedeutung zu. Dieser Organisation gehörten 1939 mindestens 8 Millionen Kinder und Jugendliche im Alter von 10 bis 18 Jahren an. Das waren 85% dieser Altersgruppe, so Miller-Kipp 2020, 22. In dieser Großorganisation herrschte überwiegend Geschlechtertrennung. Es gab zwei Jungenorganisationen, das Jungvolk für 10- bis

14-Jährige und die Hitlerjugend (im engeren Sinne) für 14- bis 18-Jährige. Parallel dazu wurden zwei Mädchenorganisationen aufgebaut, der Jungmädelbund für 10- bis 14-Jährige und der Bund Deutscher Mädel (BDM) für 14- bis 18-Jährige. (Kenkmann 2020, 13)

Die HJ-Organisation bot diverse Möglichkeiten, sich der elterlichen Autorität und Aufsicht zu entziehen. Sie bot außerdem zahlreiche ›Führungspositionen‹, welche das, wie Miller-Kipp (2020) darlegt, »illusionäre Bewusstsein von Selbstführung« (24) erzeugten. »Der Zwang zum Mitmachen in der HJ« so Kenkmann (2020, 16), geriet oft in der Wahrnehmung der Kinder und Jugendlichen »in den Hintergrund.«

»Gerade in Jugenderinnerungen spielt die HJ bzw. der BDM oft eine ausschlaggebende Rolle. Die Elemente der Erlebnispädagogik, die in der HJ eingebracht wurden, wirkten bis in die Erinnerungen der heute 80- bis 90-Jährigen, die früher mit Begeisterung ihre HJ-Uniform trugen. Es waren die Abwechslung vom Schulalltag, das organisierte Gruppenleben, nicht zuletzt aber auch die Übertragung von Befehlsgewalt an Ältere über Jüngere – man lernte Gehorchen und Befehlen, Befehlen und Gehorchen -, die die eindringlich positiven Erinnerungen an diese fürchterliche Zeit bestimmten.« (Ortmeyer 2013, 33)

Die nazistische Schülerzeitschrift ›Hilf mit!‹ arbeitete der HJ zu. Der Erziehungswissenschaftler Benjamin Ortmeyer hat diese Zeitschrift, die von 1933 bis 1944 vertrieben wurde mit einer Auflage von 5 Millionen Exemplaren gründlich analysiert:

»Drei Arten von Artikeln und Abbildungen lassen sich unterscheiden, die den Charakter der Zeitschrift symbolisieren:

- Deutliche NS-Propaganda-Artikel (NS-Führer, NS-Organisationen, NS-Symbole im Vordergrund, z. B. über den Reichsparteitag, Hitlers Geburtstag usw.)
- Eindeutig ideologisch geprägte NS-Artikel ohne direkte NS-Symbole, z. B. ›Sie (die Juden) trieben zum Krieg.‹
- Bewusst ›unpolitisch‹ gehaltene Artikel, die Jugendliche ansprechen – von der ›Schneeballschlacht‹ bis zu den ›Tieren, die den Winters verschlafen‹ oder ›Das schöne Angeln‹, die Rätelecke usw.« (41)

In dieser Zeitschrift spielt der Antisemitismus eine herausragende Rolle. Kinder und Jugendliche werden dazu aufgefordert, sich selbst »rassistisch« zu verorten und sie werden auch angestachelt, ihre Eltern zu bespitzeln. Ortmeyer untersucht hierzu einen mehrseitigen Artikel aus dem Jahr 1936, in die Kinder den Bücherschrank der Eltern ausforschen, Bücher entdecken, die von jüdischen Schriftstellern und Schriftstellerinnen verfasst wurden. Nach einem Streitgespräch, in dem die Kinder die Eltern belehren, findet die Familie in ›Harmonie‹ wieder zusammen. Entschieden wird, dass Bücher der Altpapiersammlung übergeben werden müssen. Im Hintergrund dieses Artikels schwingt natürlich immer die unausgesprochene Drohung mit, dass die Kinder die Eltern auch denunzieren könnten. (Ortmeyer 2013, 123–131)

Ab der Mitte des Zweiten Weltkrieges verlor die HJ-Organisation jedoch deutlich an Anziehungskraft, denn den Kindern und Jugendlichen wurden zunehmend mehr Hilfsdienste abverlangt. Teile aus dem Arbeiter- und Arbeiterinnenmilieu lösten sich ab. Es entstanden gemischtgeschlechtliche Cliquen und eine Swing-Bewegung. Nur wenige bewegte der Antisemitismus oder Rassismus zum Widerstand. (Kenkmann 2020)

Kinder widerständiger Eltern waren mit gänzlich anderen Erfahrungen konfrontiert. Sie erfuhren oftmals eine Trennung von den Eltern und die Überstellung in Erziehungsheime, die eher Gefängnissen glichen. (Kenkmann 2020)

Auch **Kinder mit Behinderungen** waren von Ausgrenzung bedroht. Ab 1939 existierte eine Meldepflicht für Neugeborene mit Behinderungen. Heranwachsende, von denen vermutet wurde, dass sie keine ›kriegswirtschaftlich nützliche‹ Arbeit verrichten konnten, waren gefährdet, in so genannte ›Kinderfachabteilungen‹ überstellt und ermordet zu werden. Kinder und Jugendliche, die daheim lebten und nicht in Sonderschulen unterrichtet wurden hatten eine deutlich höhere Überlebenschance als Kinder in Sondereinrichtungen.

In der Schule wurden Kinder u. a. mit diesen Rechenaufgaben konfrontiert: »Der Bau einer Irrenanstalt kostet etwa 6 Mill. RM. Wieviel Familien können dafür eine Wohnung erhalten?« (Ortmeyer 1996, 54) Im Schulbuch wird die durchschnittliche Monatsmiete für eine so genannte ›erbgesunde Familie‹ mit 60 RM pro Monat veranschlagt. (ebd.)

Kinder von Sinti, die seit Generationen in Deutschland lebten und arbeiteten, wurden zunehmend rassistisch ausgegrenzt. Ausgrenzung aus rassistischen ›Gründen‹ erfuhren auch afrodeutsche Kinder. Auch hier hatten Schule und HJ ihren Anteil.

Insbesondere **der Antisemitismus** wurde in Schule und HJ in den Vordergrund gestellt. Jüdische Kinder und Jugendliche fanden in dieser Kinder- und Jugendorganisation von Anfang an keine Aufnahme. Außerdem wurden sie systematisch aus dem öffentlichen Schulwesen verdrängt. In HJ und Schule wurden die

Kinder aufgefordert, sich gegen ihre jüdischen Mitschüler und Mitschülerinnen zu stellen. Freundschaften zerbrachen. Jüdische Kinder wurden auf dem Schulweg und in der Schule von den Lernenden und den Lehrenden drangsaliert.

Diese bitteren Erfahrungen werden in Lebensberichten von überlebenden jüdischen Kindern oft berichtet:

Edith Abrahams erzählt vom sehr schmerzhaften Ende einer Freundschaft im NS: »Ich hatte eine Freundin, mit der mich eine lange Freundschaft verband, sie hieß M. H. Sie war nicht jüdisch. Wir waren immer zusammen gewesen und hatten sie auf allen unseren Ausflügen mitgenommen. Sie fing an, weniger zu uns zu kommen, so ging ich zu ihr hin. Ihre Mutter war plötzlich sehr komisch zu mir: Etwas hatte sich geändert, nur wusste (sic!) ich nicht, was es war. In dem Schlafzimmer meiner Freundin stand eines Tages eine Schublade offen und obendrauf (sic!) war ihre braune Uniform der Hitler-Jugend. Es war, als hätte mir jemand auf dem Kopf gehauen, nicht nur, daß (sic!) sie dann anfing zu sagen: ›Du Dreckjude, komm nicht mehr her. Ich will dich nicht mehr sehen‹ Wir waren nicht nur Freundinnen, wir waren wie Zwillinge gewesen. Diese Episode habe ich nie vergessen.« (Ortmeyer 1996, 86)

Miriam Jonas, berichtet aus ihrer Schulzeit als jüdisches Kind im NS: »Späterhin erinnere ich mich noch, daß (sic!) ich von Kindern, Jungen, auf dem Weg von der Schule nach Hause verfolgt wurde, und man mir, ich war noch acht Jahre alt, nachschimpfte. ... Alle Nachbarn zogen sich von uns zurück. Ich war sehr allein.« (Ortmeyer 1996, 90)

Literaturhinweis:

Kenkmann, A. (2020): Zwischen Inklusion und Exklusion. Handlungsoptionen und Zukünfte von Kindern in der NS-Zeit; in: Wagner, J.-Ch. (Hg.) (2020): Zwischen Verfolgung und ›Volksgemeinschaft‹. Kindheit und Jugend im Nationalsozialismus, Göttingern: Wallstein Verlag, S. 13–21

Miller-Kipp, G. (2020): ›Verführerische Offerte‹. Herrschaftsfunktion und politische Psychologie der Hitler-Jugend; in: Wagner, J.-Ch. (Hg.) (2020): Zwischen Verfolgung und ›Volksgemeinschaft‹. Kindheit und Jugend im Nationalsozialismus, Göttingern: Wallstein Verlag, S. 22–24

Ortmeyer, B. (2000): Schulzeit unterm Hitlerbild. Analysen. Berichte, Dokumente, Frankfurt a. M.: Brandes & Apsel

Ortmeyer, B. (2013): Indoktrination: Rassismus und Antisemitismus in der Nazi-Schülerzeitschrift ›Hilf mit!‹ (1933–1944), Weinheim/Basel: BeltzJuventa

Die Opfer des Nationalsozialismus

Nach dem Zweiten Weltkrieg zeigte sich das ungeheure Ausmaß der Menschenfeindlichkeit im Nationalsozialismus. Der Antisemitismus bildete die ideologische Grundlage nationalsozialistischen Denkens. Auch andere Opfergruppen erfuhren Verfolgung aus unterschiedlichen ›Gründen‹. Viele überlebten die Verfolgung nicht.

- Jüdinnen und Juden wurden verfolgt und aus antijudaistischen und antisemitischen Motiven heraus zielgerichtet, systematisch ausgegrenzt, beraubt und ermordet, aus dem einzigen ›Grund‹ heraus, ›weil sie Juden waren‹. Hauptkennzeichen des Antisemitismus ist die Phantasmagorie, das Trugbild: Ein einzelner Jude, eine einzelne Jüdin, ein einzelnes jüdisches Kind könne durch Verschwörung ›alles‹ zerstören, was jeweils als besonders wichtig erachtet wird. Antisemitismus ist im Kern auf Eliminierung ausgerichtet.
- Politische Gegner und Gegnerinnen des nationalsozialistischen Regimes wurden verfolgt, weil sie beispielsweise vor 1933 Angehörige von Parteien waren, die mit der NSDAP konkurriert hatten. Sie wurden verfolgt und Opfer von Justizmorden, weil sie Widerstand gegen das NS-Regime unterstützten oder auch, weil ihnen dies nur nachgesagt wurde. Auch Angehörige von Widerständler*innen erfuhren Verfolgung durch so genannte ›Sippenhaft‹.
- Sinti und Roma wurden aus rassistischen Gründen verfolgt. Hauptkennzeichen des Rassismus ist die Intention des Landraubs, der Versklavung und die daraus resultierende Furcht, von vielen rassistisch Ausgegrenzten ›überrollt‹ zu werden. Zahlreiche Sinti und Roma überlebten die Verfolgung im Nationalsozialismus, auf Romanes ›Porrajmos‹ (das Verschlingen) genannt, nicht.
- Menschen mit einer chronischen Erkrankung oder einer Behinderung waren von Zwangssterilisation und von ›Euthanasie‹ bedroht und wurden, wenn sie keine ›Arbeitsfähigkeit‹ nachweisen konnten, in so genannten ›Heil- und Pflegeanstalten‹ oder ›Kinderfachabteilungen‹ ermordet.
- So genannte ›Bibelforscher‹ (Zeugen Jehovas) verweigerten aus religiösen Gründen den Wehrdienst und erfuhren dafür Verfolgung bis hin zum Mord.
- Personen mit homosexueller Orientierung galten für das nationalsozialistische ›Männerbild‹ als Infragestellung und wurden verfolgt bis hin zum Mord.

- Als vermeintlich ›asozial‹ oder als ›Berufsverbrecher‹ stigmatisierte Menschen, waren ebenfalls von Verfolgung betroffen. Als ›asozial‹ konnte schon gelten, wer ›irgendwie‹ ›negativ‹ aufgefallen war, wenn er beispielsweise in eine psychosoziale, nicht aus eigener Kraft überwindbare Notlage geraten war, die eigene Wohnung verloren hatte oder ein Alkoholproblem aufwies. Als ›Berufsverbrecher‹ konnte stigmatisiert werden, wer mit der nationalsozialistischen Rechtslage und Rechtsauslegung in Konflikt geraten war. So genannte ›Asoziale‹ und ›Berufsverbrecher‹ waren von Verfolgung bis hin zum Mord bedroht.
- Als so genannte ›gemeinschaftsfremde‹ Personen galten Menschen, die Verfolgte unterstützt, in Bombentrümmern nach Brauchbarem gesucht hatten oder auf vage Andeutungen hin von Personen im Lebensumfeld denunziert worden waren. Ihnen drohte Verfolgung bis hin zum Mord.
- Verfolgt wurden auch Menschen, die unter das so genannte ›Heimtücke-Gesetz‹ fielen. Ihnen konnte zur Last gelegt werden, dass sie den Sender eines anderen Landes abgehört hatten. Auch das Erzählen politischer Witze konnte mit diesem Unrechts-Gesetz kriminalisiert werden.
- Auch Kriegsdienstverweigerer und Deserteure wurden verfolgt. Ihnen drohte nach einem ›kurzen Prozess‹ durch ein Militärgericht die so genannte ›standrechtliche‹ Erschießung.
- Als ›unangepasst‹ geltende Jugendliche erfuhren Verfolgung bis zum Mord, wenn sie sich in alternative Subkulturen zurückzuziehen versuchten.
- Kriegsgefangene aus Osteuropa und der Sowjetunion galten als vermeintlich ›rassisch minderwertig‹. Viele überlebten die auch nach damaligem Kriegsrecht unhaltbaren Bedingungen der Gefangenschaft nicht.

  Kriegsgefangene People of Color erfuhren ebenfalls in Kriegsgefangenschaft zusätzliche rassistische Verfolgung bis hin zur Ermordung.
- Widerstandskämpfer und Widerstandskämpferinnen in den von der deutschen Armee und ihren Hilfstruppen überfallenen Ländern erfuhren Verfolgung bis zur Hinrichtung nach ›kurzem Prozess‹ eines Militärgerichts.
- Zwangsarbeiterinnen und Zwangsarbeiter wurden aus ihrer Heimat deportiert, um Schwerstarbeit zu leisten. Viele von ihnen überlebten die menschenunwürdigen Strapazen nicht.

Die Anerkennung als Verfolgte des NS-Regimes wurde allen Opfergruppen nach 1945 extrem erschwert. Jahrelang, im Grund noch bis heute, kämpfen die Opfer um die Rückgabe von geraubtem Eigentum, um Entschädigung für Haftstrafen, um Entschädigung für eine stark beeinträchtigte Gesundheit, um Ausgleichszahlungen im Blick auf Pension oder Rente. Allen Verfolgten im NS ist herausragend wichtig, dass das Unrecht, dass ihnen widerfahren ist, grundsätzlich gesellschaftlich als Verbrechen an unschuldigen Menschen bezeichnet wird.

Das Leid, das einem Menschen zugefügt wurde, betrifft ihn oder sie immer zu 100 Prozent. Die Verbrechen an den Verfolgten des NS-Regimes müssen in Erinnerung bleiben, die Opfer dürfen nicht vergessen werden. Gedenken funktioniert jedoch nie als Null-Summen-Rechnung in der Form, dass das Gedenken an eine Opfergruppe im NS jemals das Gedenken an eine andere Opfergruppe des NS-Regimes minimieren könnte. Dies ist eine Unterstellung, die von rechtspopulistischen und rechtsextremen Kreisen gern so behauptet wird. Jedoch, jedes einzelne Opfer des NS verdient die gesellschaftliche Anerkennung als Opfer. Das Gedenken an die jüdischen Opfer des NS sensibilisiert vielmehr für alle Opfer des NS.

Wenn die Gründe für Verfolgungen dabei unterschieden werden, dann wird damit die Verfolgung der einen oder anderen Opfergruppe weder gerechtfertigt, noch kleingeredet und schon gar nicht negiert. Ein Gegeneinander-Aufrechnen kann es nicht geben.

Im Hinblick auf den Wunsch, aus der Geschichte zu lernen, im Hinblick auf die Forderung eines ›Nie wieder!‹ ist eine genaue Analyse wichtig. Denn nur wer die unterschiedlichen ›Begründungen‹ und vermeintlichen ›Rechtfertigungen‹ versteht, kann auch jeweils geeignete Gegenmaßnahmen ergreifen.

Literaturhinweis:

Quack, S. (Hg.) (2003): Dimensionen der Verfolgung. Opfer und Opfergruppen im Nationalsozialismus, München: Deutsche Verlags Anstalt

Borggräfe, H. / Leßau, H. / Schmid, H. (2015): Fundstücke. Die Wahrnehmung der NS-Verbrechen und ihrer Opfer im Wandel, Göttingen: Wallstein

Berliner Institut für Lehrerfort-, Weiterbildung u. Schulentwicklung (Hg.) (1999): ... die vielen Morde ... . Dem Gedenken an die Opfer des Nationalsozialismus, Berlin: Hentrich & Hentrich

Schulz, N. / Urbitsch, E. M. (2016): Spiel auf Zeit: NS-Verfolgte und ihre Kämpfe um Anerkennung und Entschädigung, Berlin/ Hamburg: Verlag Assoziation A

Literaturverzeichnis

Albers, T. (2012): Das Bilderbuch-Buch. Sprache, Kreativität und Emotionen in der Kita fördern, Weinheim/Basel: Beltz Verlag

Alt, K. (2017): Mit Kindern Bilderbuchwelten vielfältig entdecken. Basiswissen & Praxisideen, Weinheim/Basel: Beltz Verlag

Aly, G. (2013): Die Belasteten. ›Euthanasie‹ 1939–1945. Eine Gesellschaftsgeschichte, Lizenzausgabe der Bundeszentrale für politische Bildung, Bonn: Bundeszentrale für politische Bildung (bpb)

AWO (2022): Kinder-Rechte in Leichter Sprache; in: https://www.awo.org/sites/default/files/2019-07/AWO_UN_Kinderrechte_Leichte%20Sprache_Ansicht.pdf; aufgerufen am 5.3.2022

Bate, H. (2019): Peter in Gefahr. Mut und Hoffnung im Zweiten Weltkrieg, in der Übersetzung von Pressler, M., Frankfurt a. M.: Moritz Verlag

Beauftragter der Bundesregierung für die Belange von Menschen mit Behinderung (2022): Die UN-Behindertenrechtskonvention. Übereinkommen über die Rechte von Menschen mit Behinderungen. Demokratie braucht Inklusion. (https://www.institut-fuer-menschenrechte.de/fileadmin/Redaktion/PDF/DB_Menschenrechtsschutz/CRPD/CRPD_Konvention_Leichte_Sprache.pdf ; aufgerufen am 27. 4. 2022) Der Text wurde in leichter Sprache formuliert.

Becker, T. (2019): Sprachliches und literarisches Lernen an Bilderbüchern; in: Knopf, J./Abraham, U.: BilderBücher. Band 1. Theorie, Hohengehren: Schneider Verlag, 2. Auflage

Berendtsen, A. (2021): Chancen und Grenzen moderner Bilderbuchgestaltung. Eine Studie zu Ausdrucksqualitäten und Tabuthemen, Würzburg: Königshausen & Neumann

Berger, M. (2019): Der Kindergarten im Nationalsozialismus. »Darum beten wir deutschen Kinder: Den Führer erhalte uns Gott«, Göttingen: Cuvillier Verlag

Berliner Institut für Lehrerfort-, Weiterbildung u. Schulentwicklung (Hg.) (1999): ... die vielen Morde ... Dem Gedenken an die Opfer des Nationalsozialismus, Berlin: Hentrich & Hentrich

Berner-Zumpf, D. (2020): Der Philosoph und das Kind im Ringen um Anerkennung. Acht Fragen an Axel Honneth; in: Heinrich, C. / Berner-Zumpf, D. / Teichert, M. (Hg.): »Alle Tassen fliegen hoch!«. Eine Kritik der Kinderphilosophie, Weinheim/Basel: BeltzJuventa, S. 92–101

Bernstein, J. (2020): Antisemitismus an Schulen in Deutschland. Befunde – Analysen – Handlungsoptionen, Weinheim/Basel: BeltzJuventa

Blume, M. (2019): Warum der Antisemitismus uns alle bedroht. Wie neue Medien alte Verschwörungsmythen befeuern, Ostfildern: Patmos

Boer, H. de / Michalik, K. (2018): Philosophieren mit Kindern. Forschungszugänge und -perspektiven, Opladen/Berlin/Toronto: Verlag Barbara Budrich

Böhnisch, L. / Funk, H. (2002): Soziale Arbeit und Geschlecht. Theoretische und praktische Orientierung, Weinheim/München: Juventa Verlag

Borggräfe, H. / Leßau, H. / Schmid, H. (2015): Fundstücke. Die Wahrnehmung der NS-Verbrechen und ihrer Opfer im Wandel, Göttingen: Wallstein

Brenner, M. (2008): Kleine jüdische Geschichte, Lizenzausgabe für die Bundeszentrale für politische Bildung, Bonn: Bundeszentrale für politische Bildung (bpb)

Brockhaus, G. (1997): Schauder und Idyll. Faschismus als Erlebnisangebot, München: Verlag Antje Kunstmann

Brumlik, M. (2009): Kurze Geschichte Judentum, Berlin: Verlagshaus Jacoby & Stuart

Brüning, B. (2015): Philosophieren mit Kindern. Eine Einführung in Theorie und Praxis, Münster: LIT Verlag

Calvert, K. (2008): Kreatives Philosophieren mit Kindern. Angst und Mut, Seelze-Velber: Klett/Kallmeyer

Chmielewska, I. (2011): Blumkas Tagebuch. Vom Leben in Janusz Korczaks Waisenhaus, Langenhagen: Gimpel Verlag

Cohen, M. R. (2011): Unter Kreuz und Halbmond. Die Juden im Mittelalter, München: C.H. Beck Verlag, 2. Auflage

Daurer, D. (2017): Staunen, Zweifeln, Betroffensein. Mit Kindern philosophieren, Weinheim/Basel: BeltzJuventa

Dehn, M. (2019): Visual Literacy, Imagination und Sprachbildung; in: Knopf, J. / Abraham, U.: BilderBücher. Band 1. Theorie, Hohengehren: Schneider Verlag, 2. Auflage

Deutschkron, I. (2017): Papa Weidt. Er bot den Nazis die Stirn, mit Illustrationen von Ruegenberg, L., Kevelaer: Butzon & Bercker Verlag, 2. Auflage

Ekmann, P. (2010): Gefühle lesen. Wie Sie Emotionen erkennen und richtig interpretieren, Heidelberg: Spektrum Akademischer Verlag, 2. Auflage

Feuerherdt, A. / Markl F. (2018): Vereinte Nationen gegen Israel. Wie die UNO den jüdischen Staat delegitimiert, Berlin: Hentrich & Hentrich

Flessau, K.-I. (2018): Schule der Diktatur. Lehrpläne und Schulbücher des Nationalsozialismus, Frankfurt a. M.: Fischer Tb.

Friedländer, S. (2006): Das Dritte Reich und die Juden. Gesamtausgabe. Die Jahre der Verfolgung 1933–1939. Die Jahre der Vernichtung 1039–1945, München. Deutscher Taschenbuch Verlag

Habermas, J. (2005): Vorpolitische Grundlagen des demokratischen Rechtsstaates?; in: Habermas, J. / Ratzinger, J.: Dialektik der Säkularisierung. Über Vernunft und Religion, Freiburg i. Br.: Herder Verlag, S. 15–37

Habermas, J. / Ratzinger, J. (2005): Dialektik der Säkularisierung. Über Vernunft und Religion, Freiburg i. Br.: Herder Verlag

Hannemann, G. (2015): Marisha – Das Mädchen aus dem Fass, mit Illustrationen von Leitner, I., Berlin: Ariella Verlag

Heinrich, c. (2020): »Philosophieren mit Kindern« – ein Angriff auf das Kind; in: Heinrich, C. / Berner-Zumpf, D. / Teichert, M. (Hg.): »Alle Tassen fliegen hoch!«. Eine Kritik der Kinderphilosophie, Weinheim/Basel: BeltzJuventa, S. 102–126

Heinrich, C. / Berner-Zumpf, D. / Teichert,M. (Hg.) (2020): »Alle Tassen fliegen hoch!«. Eine Kritik der Kinderphilosophie, Weinheim/Basel: BeltzJuventa

Hell, D. (2019): Lob der Scham. Nur wer sich achtet kann sich schämen, Freiburg: Herder Verlag

Hering, J. (2016): Kinder brauchen Bilderbücher. Erzählförderung in Kita und Grundschule, Seelze: Klett/Kallmeyer

Holderegger, A. (2006): Verantwortung; in: Wils, J.-P. / Hübenthal, Ch. (Hg.): Lexikon der Ethik, Paderborn/München/Wien/Zürich: Verlag Ferdinand Schöningh, S. 394–403

Kaplan, M. A. (1981): Die jüdische Frauenbewegung in Deutschland. Organisation und Ziele des Jüdischen Frauenbundes 1904–1938, Hamburg Hans Christians Verlag

Kellmann, K. (2019): Dimensionen der Mittäterschaft. Die europäische Kollaboration mit dem Dritten Reich, Wien/Köln/Weimar: Böhlau Verlag

Kitchener, R. F. (2020): Denken Kinder philosophisch?; in: Heinrich, C. / Berner-Zumpf, D. / Teichert,M. (Hg.): »Alle Tassen fliegen hoch!«. Eine Kritik der Kinderphilosophie, Weinheim/Basel: BeltzJuventa, S. 57–75

Klein, P. (2017): Die ›Wannsee-Konferenz‹ am 20. Januar 1942. Eine Einführung, Berlin: Metropol

Knopf, J. / Abraham, U. (2019): BilderBücher. Band 1. Theorie, Hohengehren: Schneider Verlag, 2. Auflage

Knopf, J. / Abraham, U. (2019): BilderBücher. Band 2. Praxis, Hohengehren: Schneider Verlag, 2. Auflage

Kölsch-Bunzen, N. (2022): Gut aufgestellt gegen Antisemitismus? Die Förderung von Antisemitismusprävention in Kindertagesstätten und Schulen durch Kinderbibeln, Kinderkorane und Schulbücher, Weinheim/Basel: BeltzJuventa

Kölsch-Bunzen, N. (2023): Kindertageseinrichtungen gegen Antisemitismus: Aus guten Geschichten lernen, Weinheim/Basel: BeltzJuventa

Kölsch-Bunzen, N. / Goedelt, M. (2021): Selma und Anton. Die Geschichte einer langen Freundschaft, Berlin: Ariella Verlag

Kölsch-Bunzen, N. / Morys, R. / Knoblauch, Ch. (2015): Kulturelle Vielfalt annehmen und gestalten. Eine Handreichung zur Umsetzung des Orientierungsplans für Kindertageseinrichtungen in Baden-Württemberg, Freiburg i. Br.: Herder Verlag

Kraft, T. / Müller, A.-K. (2019): Bilderbücher im Anfangsunterricht / Bilderbücher im Deutschunterricht der Schuleingangsphase; in: Knopf, J. / Abraham, U.: BilderBücher. Band 1. Theorie, Hohengehren: Schneider Verlag, 2. Auflage

Kruse, I. / Sabisch, A. (Hg.) (2013): Fragwürdiges Bilderbuch. Blickwechsel. Denkspiele. Bildungspotenziale, München: kopaed Verlag

Kuchler, Ch, (2014): NS-Propaganda im 21. Jahrhundert: Zwischen Verbot und öffentlicher Auseinandersetzung, Köln: Böhlau Verlag

Küng, H. (1999): Projekt Weltethos, München: Pieper Verlag, 5. Auflage

Küng, H. (2002): Wozu Weltethos? Religion und Ethik in Zeiten der Globalisierung, Freiburg i. Br.: Herder Verlag

Kurwinkel, T. (2017): Bilderbuchanalyse. Narrativik – Ästhetik – Didaktik, Tübingen: utb.

Kurwinkel, T. / Norrick-Rühl, C. / Schmerheim, Ph. (Hg.) (2020): Die Welt im Bild erfassen. Multidisziplinäre Perspektiven auf das Bilderbuch, Würzburg: Königshausen & Neumann

L'Amour Lalove, P. (2017): Beiss-Reflexe. Kritik an queerem Aktivismus, autoritären Sehnsüchten, Sprechverboten, Berlin: Querverlag

Landeszentrale für politische Bildung / lpb (2021): Beutelsbacher Konsens. Standard für den politisch-historischen Unterricht an allen Schulen; in: https://www.lpb-bw.de/beutelsbacher-konsens; aufgerufen am 9. 10. 2021

Lau, Israel, M. (2014): Wie Juden leben. Glaube, Alltag, Feste, Gütersloh: Gütersloher Verlagshaus

Liss, H. / Landthaler, B. (2016): Erzähl es deinen Kindern. Die Torah in fünf Bänden. Band 5. Devarim – Worte, mit Illustrationen von Gilmont, D., Berlin: Ariella Verlag

Longerich, P. (2007): ›Davon haben wir nichts gewusst!‹. Die Deutschen und die Judenverfolgung, München: Pantheon Verlag

Mann, E. (2011): Zehn Millionen Kinder. Die Erziehung der Jugend im Dritten Reich, Reinbek bei Hamburg: Rowohlt Verlag

Micha-Initiative Deutschland (Hg.) (2002): Die Gerechtigkeitsbibel. Die komplette Bibel mit mehr als 3000 hervorgehobenen Versen zu Armut & Gerechtigkeit, Basel: Fontis Verlag

Michalik, K. / Schreier, H. (2017): Wie wäre es, einen Frosch zu küssen? Philosophieren mit Kindern im Grundschulunterricht, Braunschweig: Westermann Verlag

Mommsen, H. (2014): Das NS-Regime und die Auslöschung des Judentums in Europa, Göttingen: Wallstein Verlag, 2. Auflage

Müller, Th. / Temper, A. (2018): Pädagogisch arbeiten mit Bilderbüchern, München: Ernst Reinhardt Verlag

Nachama, A. / Homolka, W. / Bomhoff, H. (2015): Basiswissen Judentum, Freiburg i. Br.: Herder

Neitzel, S. (2011): Soldaten. Protokolle vom Kämpfen, töten und Sterben, Frankfurt a. M.: S. Fischer Verlag, 5. Auflage

Nirenberg, D. (2015): Antijudaismus. Eine andere Geschichte des westlichen Denkens, München: C.H.Beck Verlag

Ortmeyer, B. (2000): Schulzeit unterm Hitlerbild. Analysen. Berichte, Dokumente, Frankfurt a. M.: Brandes & Apsel

Ortmeyer, B. (2013): Indoktrination: Rassismus und Antisemitismus in der Nazi-Schülerzeitschrift ›Hilf mit!‹ (1933–1944), Weinheim/Basel: BeltzJuventa

Parlament der Weltreligionen (2002): Erklärung zum Weltethos. 4. September 1993 Chicago USA; in: Küng, H. (2002): Wozu Weltethos? Religion und Ethik in Zeiten der Globalisierung, Freiburg i. Br.: Herder Verlag, S. 172–190

Paulus, M. (2020): Sind kleine Kinder Wissenschaftler und Philosophen? Eine kritische Erörterung aus entwicklungspsychologischer Perspektive; in: Heinrich, C. / Berner-Zumpf, D. / Teichert, M. (Hg.): »Alle Tassen fliegen hoch!«. Eine Kritik der Kinderphilosophie, Weinheim/Basel: BeltzJuventa, S. 76–91

Petermann, H.-B. (2004): Kann ein Hering ertrinken? Philosophieren mit Bilderbüchern, Weinheim/Basel: Beltz Verlag

Prengel, A. et al. (2016): Reckahner Reflexionen zur Ethik pädagogischer Beziehungen; in: https://paedagogische-beziehungen.eu/leitlinien/; aufgerufen am 1. 3. 2022

Quack, S. (Hg.) (2003): Dimensionen der Verfolgung. Opfer und Opfergruppen im Nationalsozialismus, München: Deutsche Verlags Anstalt

Reich, K. (1997): Systemisch-konstruktivistische Pädagogik. Einführung in Grundlagen einer interaktionistisch-konstruktivistischen Pädagogik, Neuwied/Kriftel/Berlin: Luchterhand, 2. Auflage

Rosenthal, G. S. / Homolka, W. (2014). Das Judentum hat viele Gesichter. Einführung in die religiösen Strömungen der Gegenwart, Berlin: Hentrich & Hentrich, aktualisierte Neuausgabe

Rothschild, W. L. (2009): Der Hong und der Stachel. Das Judentum – erklärt für alle, die mehr wissen wollen, Gütersloh: Gütersloher Verlagshaus

Salzborn, S. (2010): Antisemitismus als negative Leitidee der Moderne. Sozialwissenschaftliche Theorien im Vergleich, Frankfurt a. M. / New York: Campus Verlag

Schreier, H. (1999): Nachdenken mit Kindern. Aus der Praxis der Kinderphilosophie in der Grundschule, Bad Heilbrunn / OBB.: Klinkhardt Verlag

Schulz, N. / Urbitsch, E. M. (2016): Spiel auf Zeit: NS-Verfolgte und ihre Kämpfe um Anerkennung und Entschädigung, Berlin/Hamburg: Verlag Assoziation A

Schwarz-Friesel, M./Reinharz, J. (2013): Die Sprache der Judenfeindschaft im 21. Jahrhundert, Berlin/Boston: De Gruyter

Seltmann, U. v. (2021): Wir sind da! 1700 Jahre jüdisches Leben in Deutschland, Erlangen: homunculus Verlag

Siegler, R./DeLoache, J./Eisenberg, N. (2005): Entwicklungspsychologie im Kindes- und Jugendalter, München: Spektrum Akademischer Verlag

Spitzer, M. (2002): Lernen. Gehirnforschung und die Schule des Lebens, Heidelberg/Berlin: Spektrum Akademischer Verlag

Stargardt, N. 2008(): Kinder in Hitlers Krieg, München: Pantheon Verlag

Stemberger, G. (2009): Das klassische Judentum. Kultur und Geschichte der rabbinischen Zeit, München: C.H. Beck Verlag

Thiele, J. (2003): Das Bilderbuch. Ästhetik, Theorie, Analyse, Didaktik, Rezeption, Bremen/Oldenburg: Universitätsverlag Aschenbeck & Isensee, 2. Auflage

Tooze, A. (2007): Ökonomie der Zerstörung. Die Geschichte der Wirtschaft im Nationalsozialismus, München: Pantheon Verlag

Tych, F./Kenkmann, A./Kohlhaas, E./Eberhardt, A. (Hg.) (2009): Kinder über den Holocaust. Frühe Zeugnisse 1944–1948, Berlin: Metropol Verlag, 3. Auflage

Wagner, J.-Ch. (Hg.) (2020): Zwischen Verfolgung und ›Volksgemeinschaft‹. Kindheit und Jugend im Nationalsozialismus, Göttingern: Wallstein Verlag

Weber, B. (2013): Philosophieren mit Kindern zum Thema Menschenrechte. Vernunft und Mitgefühl als Grundvoraussetzungen einer demokratischen Dialogkultur, Freiburg i. Br./München: Verlag Karl Alber

Wette, W. (2013): Die Wehrmacht. Feindbilder, Vernichtungskrieg, Legenden, Frankfurt a. M.: Fischer Tb, 2. Auflage

Wils, J.-P./Hübenthal, Ch. (Hg.) (2006): Lexikon der Ethik, Paderborn/München/Wien/Zürich: Verlag Ferdinand Schöningh

Wunderlich, S. (2020): Propaganda des Terrors. Plakate des NS-Staates zwischen 1933 und 1945 – Propaganda Posters of the Nazi Terror Regime, deutsch-englische Ausgabe, Berlin: Story Verlag

Zeitler, K. (2010): Siehst du die Welt auch so wie ich?. Philosophieren in der Kita. Mit Kindern fragen, nachdenken, Werte erfahren, Freiburg i. Br./Basel/Wien: Herder Verlag

Zentralrat der Juden in Deutschland/Schweizerischer Israelitischer Gemeindebund (2015): »Lehre mich, Ewiger, Deinen Weg«. Ethik im Judentum, Berlin: Hentrich & Hentrich

Lektorat: Myriam Halberstam
Korrektorat: Aileen Wegener und Myriam Halberstam
Illustrationen: Marion Goedelt
Fotos: Aileen Wegener
Layout: Lisa Neuhalfen
Druck und Bindung: druk-24.com
ISBN 978-3-945530-34-4